新机·先机

2021年广东战略性产业集群研究报告

主　　编◎刘　军　龚国平　郑广宁　马宪民
副 主 编◎邓　波　吴世文　王义军
执行主编◎黄应来　邓天泽　朱桂龙　鲍杰汉
　　　　　黄颖川　王　彪

南方日报社·南方经济智库、南方城市智库
华南理工大学工商管理学院
中国建设银行科技金融创新中心

南方日报出版社
NANFANG DAILY PRESS
中国·广州

图书在版编目（CIP）数据

新机·先机：2021 年广东战略性产业集群研究报告 / 刘军等主编 . — 广州：南方日报出版社，2021.11

ISBN 978-7-5491-2458-9

Ⅰ . ①新… Ⅱ . ①刘… Ⅲ . ①支柱产业 – 产业集群 – 产业发展 – 研究报告 – 广东 – 2021 ②新兴产业 – 产业集群 – 产业发展 – 研究报告 – 广东 – 2021 Ⅳ . ① F269.276.5

中国版本图书馆 CIP 数据核字 (2021) 第 234591 号

XINJI XIANJI

新机·先机：2021 年广东战略性产业集群研究报告

主　　编：刘　军　龚国平　郑广宁　马宪民
副 主 编：邓　波　吴世文　王义军
执行主编：黄应来　邓天泽　朱桂龙　鲍杰汉　黄颖川　王　彪
出版发行：南方日报出版社
地　　址：广州市广州大道中 289 号
出 版 人：周山丹
责任编辑：巫殷昕
装帧设计：梁春薇
责任校对：裴晓倩
责任技编：王　兰
经　　销：全国新华书店
印　　刷：广州市岭美文化科技有限公司
开　　本：787mm × 1092mm　1/16
印　　张：17.5
字　　数：180 千字
版　　次：2021 年 11 月第 1 版
印　　次：2021 年 11 月第 1 次印刷
定　　价：48.00 元

投稿热线：（020）87360640　　读者热线：（020）87363865

发现印装质量问题，影响阅读，请与承印厂联系调换。

调研组成员

报告撰写

南方日报社·南方经济智库研究员

王　彪　彭　琳　刘　倩　昌道励　李凤祥　黎华联　许宁宁　陈　晓
张　艳　曾美玲　宾红霞　唐柳雯　张子俊　唐子湉　欧志葵　周美霖

专家顾问

华南理工大学工商管理学院

朱桂龙　华南理工大学工商管理学院　教授　博士生导师
樊　霞　华南理工大学工商管理学院　教授　博士生导师
彭翰宇　华南理工大学工商管理学院　硕士研究生
邓秋凤　华南理工大学工商管理学院　硕士研究生
张　立　华南理工大学工商管理学院　硕士研究生

中国建设银行

鲍杰汉　中国建设银行科技金融创新中心常务副主任
莫婉兰　建行大学大湾区金融创新学院院务委员会办公室主任
武　胜　中国建设银行广东省分行公司业务部副总经理
王　娟　中国建设银行广东省分行公司业务部高级客户经理
王　越　中国建设银行科技金融创新中心团队负责人
刘晓辉　中国建设银行科技金融创新中心团队负责人
刘旭彬　中国建设银行科技金融创新中心首席研究员
吴　凯　中国建设银行科技金融创新中心首席研究员
陈　静　中国建设银行科技金融创新中心高级研究员
陈小乐　中国建设银行科技金融创新中心高级研究员

詹学朋　建行大学大湾区金融创新学院院务委员会办公室经理
赖　韬　建行大学大湾区金融创新学院院务委员会办公室助理经理
吴舜晖　中国建设银行科技金融创新中心研究员
黄天骏　中国建设银行科技金融创新中心研究员
唐涯天　中国建设银行科技金融创新中心研究员
李天昊　中国建设银行科技金融创新中心研究员
刘黛薇　中国建设银行科技金融创新中心研究员
王婧辉　中国建设银行科技金融创新中心研究员
王一成　中国建设银行科技金融创新中心研究员

前　言

2021年是中国共产党成立100周年，是“十四五”开局之年，也是中国入世20周年。迎来第二个百年奋斗目标，踏上新的赶考之路，中国发展前景令人期待。

从实践来看，高质量发展是全面建设社会主义现代化国家的需要。对比百年来特别是三十年来发展中国家的发展路径，能否将土地、劳动力为核心的资源优势转化为技术、创新为核心的竞争优势，是避免落入“中等收入陷阱”的关键所在，而这集中体现在其核心产业能否及时调整和升级，能否深度嵌入全球产业链和价值链。在世界面临百年未有之大变局、全球经济充满不确定性因素的背景下，宏观稳定成为稀缺资源。高质量发展要更加注重从供给侧发力，通过优化经济结构提升经济稳定性。

2020年10月，南方日报社·南方经济智库牵头组建广东战略性产业集群研究团队，走访上海、江苏、浙江和山东等现代产业发展高地，走入广州、深圳、佛山和东莞等产业发达城市，深入产业园区、车间一线，与上百家企业面对面交流，试图把握现代产业发展的脉搏。

通过一年多来的深入调研和细致研究，我们发现，新一轮科技革命和产业变革方兴未艾，叠加百年一遇的新冠肺炎疫情，雄厚的产业基础是应对危机、迎难而上的底气、韧劲和信心。以广东为观察窗口，我们发现经济格局呈现以下三个趋势：

短与长的交织，关键零部件和技术的国产替代迎来机遇。

新冠肺炎疫情暴发以来，随着中国较早较好地控制住疫情，包括广东在内的中国制造在全球经济网络中的重要性不仅没有减弱，反而更加凸显：广东在2021年前三季度外贸进出口总额6.03万亿元，同比增长18.6%，其中出口3.68万亿元，超过全国五分之一，同比增长19.3%。

更重要的是，从中长期看，海外供应不稳和部分订单回流正在倒逼我们加强国产自主研发和自主生产，加速突破核心零部件和关键技术，加快补齐产业链短板，提升产业安全水平。

比如，全球“缺芯”对广东的汽车、电子信息产业形成冲击，也为国产集成电路产业发展提供机遇。2021年6月，深交所正式受理比亚迪半导体股份有限公司的创业板上市申请，其背后正是该公司在车用功率器件等领域的快速发展。2021年前三季度，广东新能源装备、生物药品制造、电子元件及电子专用材料制造同比分别增长27.3%、43.1%、24.6%。

断与连的较量，供应链安全的重要性从未如此凸显。

疫情给全球产业链供应链带来极大冲击。多国生产出现停摆，全球缺“柜”、海运效率下降，导致全球供需失衡。大宗商品和海运价格飙涨，供应链断裂的风险成为笼罩在众多生产企业头上的乌云。

“假设一辆汽车有一万个零件，缺一个零件也无法出厂。”这句来自广东知名车企的感慨，它道出了现代产业高度分工的特点——广泛、紧密的产业联系，会因为突发情况产生牵一发动全身的连带影响。

这是一场全球应对产业链供应链断裂的“战役”。在广东，无论是政府还是各产业链的“链主”企业，都在主动对接协调，不断巩固和增强产业链韧性。

可以预见，经此一役，产业链供应链的安全管理，正在成为现代经济社会的一个重要课题。

旧与新的交替，新经济在多重挑战中生机勃发。

每一次危机的到来，都会对旧的模式、旧的制度、旧的力量形成巨大冲击，也会孕育出新的组织方式、新兴产业和新兴力量。

通过调研，我们发现广东产业集群发展正在发生重要转变，智能化、绿色化、高端化等成为激荡产业发展的新动力。

——制造业数字化转型深入推进。美的、腾讯等龙头企业数字化战略正带动产业链上下游甚至产业集群数字协同发展。

——绿色经济蓬勃发展。从陶瓷产业的绿色转型，到新能源汽车的蓬勃发展，再到碳交易的蓬勃发展，绿色正在成为广东经济和创新发展的底色，特别是海上风电为代表的新能源产业异军突起。

——一大批“专精特新”不断涌现。广东中小企业中，进入工信部第二、第三批专精特新“小巨人”企业合计超400家，数量接近全国的十分之一。

…………

危机危机，危中有机。广东战略性产业集群发展在艰难中前行，也正在积蓄新的能量。

为深刻反映在新的全球竞争格局中广东战略性产业集群发展的最新特点和趋势，及时总结梳理广东推动高质量发展的经验，由广东省人民政府和中国建设银行总行联合推动，广东省科学技术厅、广东省知识产权局、中国建设银行科技金融创新中心、南方报业传媒集团携手主办，在广东省工业和信息化厅、华南理工大学全力支持下，举办“2021榜样的力量——‘智造之光’科创先锋榜”评选。在此次活动基础上，南方日报社·南方经济智库、南方城市智库联合中国建设银行科技金融创新中心、华南理工大学工商管理学院，对广东战略性产业集群的数千家企业展开问卷调查分析，并对其中近百家重点企业进行实地走访深入调研，共同研究编写《新机·先机——2021年广东战略性产业集群研究报告》。

这是三方合作团队推出的第五期年度报告。报告聚焦在新发展阶段的背景下，特别是“十四五”开局之年，广东战略性产业集群发展的趋势、动力、特征、机遇和挑战，并在专访多位知名专家学者的基础上，对产业集群发展提出建设性的对策建议。期待该报告能够引发社会各界对广东战略性产业集群发展的关注和支持，为广东经济高质量发展起到助推作用。

目　录 CONTENTS

肆　专精特新

伍　榜单示范——基于“智造之光”科创先锋榜的创新特征分析

陆　数字赋能

柒　绿色变革

捌　链接全球

玖　智库建言

附录一　权威访谈

附录二 高端对话

壹 全球变局

自工业革命以来，现代意义上的产业发展便狂飙突进，从英国为代表的西欧地区，席卷全球五大洲。时至今日，以全球化分工生产、贸易往来、金融服务以及信息交流等为基础的世界经济已经形成彼此嵌套、紧密相连的复杂网络。《国际统计年鉴》显示，2017年全球货物进出口总额超过35.7万亿美元，接近当年全球生产总值的一半。

2021年，是中国入世20周年。这20年不仅对中国意义重大，对全球产业重心的转移也起到重要的推动作用，东亚地区作为全球商品制造中心之一，特别是最终消费品生产中心的地位更加凸显，在全球产业网络中也正在从中低端的组装制造向中高端迈进，在电子信息、民用船舶制造、石化、汽车等重要产业领域均占据重要位置。

产业重心的转移，远非全球发展长期趋势的全部。

当前，三个历史性挑战横亘在人类文明发展的隘口：碳排放导致的全球气候危机，世界经济发展不平衡带来的全球格局重塑，新冠肺炎疫情带来的全球供需失衡。

对第一个挑战的回答，决定人类社会的存续；对第二个挑战的回答，关系亿万人的生活；对第三个问题的回答，则考验着社会经济的治理能力和沟通智慧。

但有一点是相同的：应对每一项挑战都需要强大的生产能力和创新能力。在现代经济中，产业集群发展是科研创新从实验室进入万千工厂车间、化为亿万商品的关键。要推动全球经济更加协调、平衡、绿色和可持续，就必须推动产业集群向更具韧性、灵活性、创新性和绿色化的方向发展。

从全球来看，广东正借助创新要素的集聚、市场经济的活跃、体制机制的不断完善，从产业转移的被动接受者向产业发展的推动者乃至部分领域的引领者转变，推动战略性产业集群不断开拓新的技术边界、生产边界和市场边界。特别是在疫情下，广东产业集群发展表现出超乎寻常的韧性、灵活性和创新性。

在调研中，我们梳理发现，当前广东战略性产业集群的发展，与历史潮流的方向存在着显而易见的共振关系，具体来说有四个方面：

——全球政经格局于震荡中重塑。在中美发展的态势发生新变化的同时， 2021年疫情下全球经济虽然普遍复苏，但国际货币基金组织的数据显示，发达经济体与许多新兴市场和发展中经济体之间的差距越来越大。应对疫情的不同状况加上产业链优化布局等因素，正在推动产业网络在全球的重组。

——科技产业革命于疫情中勃兴。在调研中，我们发现，数字经济正在加速成为整个经济体系的标配，绿色低碳成为经济领域的新风口乃至新坐标。如何加速推动形成以企业为主体、市场为导向、产学研用深度融合的技术创新体系，对于第一经济大省广东尤为关键。

——市场经济活力于改革中激荡。一系列基础性制度接连出台，推动社会主义市场经济体制加快完善，资本市场的建设也在稳步推进。调研中受访专家认为，迈向高质量发展，改革创新的难度加大，要求更高，任务更繁重，更加需要广东等区域以“点”带“面”，对全国发挥示范引领作用。

——国内国际循环于转型中连通。特殊背景下，中国制造、中国市场对全球经济大循环的作用更加凸显，中国对外经贸合作重磅消息不断：中欧投资协定取得重大进展，RCEP（《区域全面经济伙伴关系协定》）签约并将在2022年1月正式生效，中国还申请加入CPTPP（《全面与进步跨太平洋伙伴关系协定》）；从实际效果看，“一带一路”沿线国家经济合作持续推进，中欧班列往来穿梭。未来10年，中国的消费增长机会有望创造5万亿美元的价值。调研认为，这将对素以对外开放著称的粤港澳大湾区带来无限机遇。

（一）格局之变：全球政经格局于震荡中重塑

2021年9月16日，中国正式申请加入《全面与进步跨太平洋伙伴关系协定》（CPTPP）。这成为全球政经格局加快重塑的一个有力注脚。

《全面与进步跨太平洋伙伴关系协定》的前身《跨太平洋伙伴关系协定》（TPP）由美日主导，旨在打造“21世纪自由贸易协定的标杆，全球贸易的新标准”，以覆盖面广、标准要求高著称。此后，美国退出，中国申请加入，不同乃至相反的国家行为，背后是两国在全球化的经济分工、收益划分、角色定位等方面的巨大变化，而这又直接影响着世界政经格局乃至全球化的方向、重点和实现方式。

上海社科院原院长张道根撰文指出，第二次世界大战以来建立的世界贸易投资体制，是以货物贸易为主的体系。发达国家的企业总体控制了世界经济的核心技术、高端产业链，并主导全球金融与资本配置。但货物贸易的生产和出口更多不在美国等发达国家，导致其希望重构服务贸易为主导的新体系。

2021年2月，中国国家统计局发布《2020年国民经济和社会发展统计公报》，按年平均汇率折算，2020年中国经济总量占世界经济的比重预计超过17%。这比2012年的11.4%提高了接近6个百分点。

从经济结构看，中国有完整的工业体系，是全世界唯一拥有联合国产

■截至 2021 年 2 月底，深圳东部港区月度吞吐量增幅连续 9 个月创新纪录。图为深圳东部盐田港（鲁力摄）

业分类当中全部工业门类的国家。工信部数据显示，2020年我国工业增加值达31.3万亿元，连续11年成为世界最大的制造业国家。高技术制造业增加值平均增速达到10.4%，高于规模以上工业增加值的平均增速4.9个百分点，在规模以上工业增加值中的占比也由“十三五”初期的11.8%提高到15.1%。

以此为依托，中国也就理所应当地成为全球商品的主要供应国，这在疫情下体现得更加明显：2021年前三季度，货物进出口总额283 264亿元，同比增长22.7%。其中，出口155 477亿元，增长22.7%；进口127 787亿元，增长22.6%。与此同时，中国还在向着品牌设计、产品研发和营销服务等产业高端环节不断迈进，体现出对全球经济更大的推动力。

这也体现在区域经济合作的深化上。将于2022年1月生效的《区域全面经济伙伴关系协定》覆盖世界近一半人口和近三分之一贸易量，将成为世界上覆盖人口最多、成员构成最多元、发展最具活力的自由贸易区。

国家金融与发展实验室发布《2021全球经济信心指数报告》认为，2020年是新冠疫情这一“黑天鹅”推动世界秩序向着大分化、大转型方向加速演进的关键一年。中美在科技创新、金融、经济规则等领域展开竞争，技术革新与数字经济的加速发展正在将中美推向更深度的竞争领域。

在中美发展的态势发生新变化的同时，2021年疫情下全球经济虽然普遍复苏，但国际货币基金组织的数据显示，发达经济体与许多新兴市场和发展中经济体之间的差距越来越大。

世界经济在时间和空间方面的结构、行为以及影响高度不对称。世界上不同地区的经济增长率非常不平衡，贫富的地理分布发生了改变[1]。2021年7月，世界贸易组织（WTO）发布的《世界经济展望》显示，2021年发达经济体的增长前景改善了0.5个百分点，但新兴市场和发展中经济体的增长预测被下调了相同幅度，原因是亚洲新兴经济体的增长前景显著恶化。增长预测上调的原因包括疫苗接种速度快于预期以及经济活动回归常态，而导致增长预测下调的因素包括一些国家无法获得疫苗以及出现新一波疫情。

应对疫情的不同状况加上产业链优化布局等因素，正在推动产业网络在全球的重组。

麦肯锡发布《全球价值链的风险、韧性和再平衡》报告认为，劳动密集型为主的价值链（例如服装和家具）转向新地点，在经济上具备强大的理由。而非经济压力可能会推动其他领域（例如制药）的价值链转移。考

[1] 施图茨，沃夫．世界经济：地理、商业、发展［M］．彭志文，译．上海：上海人民出版社，2020：23．

虑到行业经济基本面与国家政策优先事项，麦肯锡估计，如果企业重组自身的供应商网络，那么在未来五年中，全球货物出口的16%至26%（价值2.9万亿美元至4.6万亿美元）将有可能转移到新的国家。

这种转移和分化的另一个原因是政策支持方面的差异。国际货币基金组织发布的报告认为，疫情以来，发达经济体继续提供大规模财政支持，并已宣布在2021年及之后年份实施规模达4.6万亿美元的疫情相关措施。2022年全球增长预测的上调主要反映了美国和“下一代欧盟基金”预计将提供额外的财政支持。另一方面，新兴市场和发展中经济体的大多数措施已于2020年到期，它们正准备重建财政缓冲。

上述种种变化也为多种形式的逆全球化提供了土壤。

经过长期由全球化和全球贸易推动的经济增长之后，各国政府在经济困难时期越来越多地转向保护本土产业。WTO的一项统计表明，其成员自2008年国际金融危机以来已经推出了2100多项限制贸易的措施[1]。

中国人民大学副校长刘元春认为，这一轮逆全球化的动向从2008年开始出现，在2020年疫情下进入深度发展期。中国外贸占GDP（国内生产总值）的比重出现比较明显的回调，我国对外贸易增长和全球化的整体进程或进入一个平缓期。对此，一方面要看到，全球化的发展潮流不可逆转，国际贸易国际合作会持续向前；另一方面，当前阶段的全球化确实存在一些新的挑战和机遇，例如大国博弈让经济安全和收益的权衡更加凸显，全球供应链存在变短、变平的趋势。

（二）动能之变：科技产业革命于疫情中勃兴

疫情改变了全球化的进程，也改变了科技产业发展的具体方式和走

[1] 高柏．为什么全球化会发生逆转［J］．政治经济学季刊，2020，3（3）：34．

向，但没有削弱反而加强了科技研发和产业创新的价值。

以疫苗为例，疫情发生以来，多种疫苗不仅挽救了数百万人的生命，还帮助许多经济体提前实现了重新开放，这有可能为全球经济带来数万亿美元。与其他重大创新类似，科学家们为了开发mRNA（信使核糖核酸）疫苗，利用了不同领域数十年来积累的知识。

这是基础研究在关键时刻发挥关键作用的缩影。

国际货币基金组织研究部经济学家菲利普·巴雷特等专家认为，与应用型研究（企业从事的商业化研发活动）相比，基础科学研究会在更长时间内对更多国家的更多部门产生影响。便捷的技术转让、跨境科研合作以及为基础研究提供资金的政策——都能促进创新，实现长期增长。

具体到中国来看，创新发展的态势也并未因疫情而中断。

2021年8月，科技部发布的《中国科技人才发展报告（2020）》显示，“十三五”期间，我国R&D（科学研究与试验发展）人员全时当量快速增长，年均增速超过7%，从2016年的387.8万人，增长到2020年的509.2万人，连续多年居世界第一。科技人才整体加速向东部及少数中西部中心城市聚集，主要集中在长三角、珠三角和环渤海三大经济圈，其中，2019年，广东R&D人员达80.3万人，居全国首位。

广东省统计局发布的科技经费投入统计公报显示，2020年，广东共投入R&D经费3479.88亿元，位居全国首位，同比增加381.39亿元，增长12.3%。从城市看，深圳R&D达1510.81亿元，广州达774.84亿元，均位居全国前列。

在调研中，我们发现两大领域的创新尤其引人关注。

其一，是数字经济正在加速成为整个经济体系的标配。

“十三五”期间，我国信息传输软件和信息技术服务业的增加值由约

1.8万亿元增加到3.8万亿元，占国内生产总值比重由2.5%提升到3.7%。

在广东，一方面，美的、格力等龙头企业数字化战略探索正从自身数字革新输出数字化转型服务能力，进而带动产业链上下游甚至产业集群数字协同发展。另一方面，跨行业、跨领域的工业互联网平台的支撑赋能作用更加凸显，例如，富士康从“代工巨头”迈向“工业互联网巨头”，依托30年的制造经验推出集设计、制造、销售以及全产业链解决方案于一体的平台。

此外，广大中小企业正在将数字化的需求通过数据联通实现规模化、节约化，并转化为细分产业数字化的共性解决方案，以最大化提升数字化投入的产出效益。

其二，是绿色低碳成为经济领域的“新风口”乃至新坐标。

只有率先实现结构调整和技术跨越的国家和企业，才会在新一轮技术长周期中赢得发展先机和主动权[1]。

中国气候变化事务特使解振华认为，碳中和在未来几十年会带来138万亿元的低碳投资需

南澳岛素有“风县”之称，拥有丰富的风力资源，我国第一个风力发电示范场就在南澳（马卡摄）

[1]　刘鹤．两次全球大危机的比较研究［M］．北京：中国经济出版社，2013：39.

求。中国金融学会绿色金融专业委员会主任马骏亦认为未来低碳投资将达数百万亿元。

以能源为例，2020年广东全省一次能源消费结构中，煤炭、石油、天然气、一次电力及其他能源的比重约为33%、26%、11%、30%，非化石能源占一次能源消费比重较2015年提高4.4个百分点。在此基础上，2021年9月，深圳光明燃机电源基地项目、汕头海上风电产业园等清洁能源项目集中开工建设。

能源结构转型对产业发展的影响是直接而巨大的。以特斯拉、比亚迪等企业为代表，全国乃至全球车企都将“新能源+智能化”作为汽车发展的关键。

全国政协副主席、中国科协主席万钢认为，全球范围内，新能源汽车市场占比快速提升，特别是在以欧盟、中国为代表的国家和地区，新能源汽车迎来全面市场化突破拐点。

在这方面，广东同样可圈可点。2021年9月，燃料电池汽车示范应用广东城市群正式获批为首批示范城市群。从具体产值看，2021年前8个月，广东新能源汽车增长190.1%。

展望未来，科技创新的作用将会更加强化。国家“十四五”规划纲要将“坚持创新驱动发展　全面塑造发展新优势”单列篇章，而且放在规划全文的靠前位置，其中在第五章“提升企业技术创新能力”中特别强调，要形成以企业为主体、市场为导向、产学研用深度融合的技术创新体系。

（三）机制之变：市场经济活力于改革中激荡

企业是技术创新的主体，也是市场经济最富活力的组织形式。

2021年世界500强榜单显示，中国上榜公司数量连续第二年居首，达到135家，比上一年增加11家，上榜企业平均利润约为35.4亿美元，高于500强公司的平均利润（33亿美元）。同时，美国上榜企业的平均利润下降到51亿美元。

在这背后，是一系列基础性制度接连出台，推动社会主义市场经济体制加快完善。

继2020年5月出台《中共中央 国务院关于新时代加快完善社会主义市场经济体制的意见》后，2021年1月，中共中央办公厅、国务院办公厅印发《建设高标准市场体系行动方案》，提出全面完善产权保护制度，全面实施市场准入负面清单制度，全面完善公平竞争制度，推进要素资源高效配置，改善提升市场环境和质量等举措。

2021年10月发布的《国家标准化发展纲要》则提出，优化标准化治理结构，增强标准化治理效能，提升标准国际化水平，加快构建推动高质量发展的标准体系。

在推动市场经济发展的过程中，反垄断成为2021年的一个突出课题，并与防范化解金融风险、推动协调发展、确保国家安全等要求紧密结合。从蚂蚁金服暂缓上市到对阿里巴巴、美团分别处以182.28亿元、34亿元的巨额罚款，都彰显了中国加大反垄断、促进市场公平竞争的决心。

在全球经济面临不确定因素的背景下，坚决打击垄断行为，特别是对强制“二选一”等违法违规行为紧急叫停，无疑有利于激发市场主体特别是中小企业的发展活力。

与此同时，资本市场的建设也稳步推进：2021年，广州期货交易所和北京证券交易所相继宣布成立，在完善中国资本市场体系、完善资本市场对中小企业的金融支持体系等方面迈出更加坚实的步伐。

从市场主体来看，更注重中小企业发展；从发展区域来看，以“点”

■横琴粤澳深度合作示范区（钱文攀摄）

带“面”的政策导向也显而易见。

2021年9月，中共中央、国务院先后发布《横琴粤澳深度合作区建设总体方案》《全面深化前海深港现代服务业合作区改革开放方案》，加上此前发布的《深圳建设中国特色社会主义先行示范区综合改革试点实施方案（2020—2025年）》《中共中央 国务院关于支持浦东新区高水平改革开放打造社会主义现代化建设引领区的意见》等文件，长三角和粤港澳大湾区的重大平台建设，成为推动深化改革的重要发力点。

国家发改委区域发展战略研究中心区域战略一室负责人张燕认为，改革开放40多年来，中国通过经济特区建设等方式形成丰富的改革开放成果和经验，并逐渐向全国普及推广。当前，迈向高质量发展，改革创新的难度加大，要求更高，任务更繁重。这些文件在任务部署上都有很强的示范性，以“点”带“面”发挥示范引领作用。

（四）发展之变：国内国际循环于转型中连通

和平与发展依旧是时代主题。但在疫情肆虐和全球政经格局重塑的背景下，在百年未有之大变局下，挑战和平、阻碍发展的因素仍旧存在，逆全球化的动向时有出现，国际经济循环面临断裂风险。能源供给乏力、资源限制和环境退化被认为是危及未来经济增长前景的三种约束和障碍[1]。

这突出体现在：集装箱“一柜难求”、海运价格飙涨等极端现象的出现，昭示着全球供应链体系遭受罕见的冲击和失衡；铁矿石、原油等大宗商品运输不畅导致全球供需失衡；芯片等关键零部件缺货对电子信息、汽车等相关产业造成冲击；中欧投资协定等重大贸易协定推进遭遇阻力……

逆风知劲草。特殊背景下，中国制造、中国市场对全球经济大循环的作用更加凸显，特别是在加快构建以国内大循环为主体、国内国际双循环

[1]　施图茨，沃夫．世界经济：地理、商业、发展［M］．彭志文，译．上海：上海人民出版社，2020：24．

■港珠澳大桥（蔡振丰摄）

相互促进的新发展格局中，中国对外开放的大门进一步打开，以超大规模工业制造和国内市场为依托，中国更加积极参与全球经济循环，甚至在部分领域开始发挥引领者作用。

商务部部长王文涛认为，我国有14亿多人口，其中4亿以上中等收入人群，形成了世界独一无二的国内大市场，2020年，社会消费品零售总额39.2万亿元，已经成为仅次于美国的全球第二大消费市场。同时，我国进一步放宽市场准入，全国版外资准入负面清单从93项不断压缩到33项。

从机制上看，中国对外经贸合作重磅消息不断：中欧投资协定、RCEP的陆续签订，申请加入CPTPP；从实际效果看，“一带一路”沿线国家经济合作持续推进，中欧班列往来穿梭：2021年1月至7月，广东各始发站点共开行中欧、中亚、东南亚方向班列就达217列，同比增长约1.1

倍。截至2021年7月底，粤港澳大湾区中欧班列平均每天开行约一趟，有力保障了国际供应链稳定畅通。

近年来，全球制造工厂向中国聚集，中国市场成为全球瞩目的焦点。

麦肯锡全球研究院发布《7大群体塑造中国消费格局》报告认为，未来10年，中国的消费增长机会有望创造5万亿美元的价值。人民收入稳步增长。目前中国的中高收入家庭[1]数量略低于欧盟。但10年之后，中国的中高收入家庭数可能增至约4亿，接近欧盟和美国的总和。

这对全球商品服务贸易而言无疑具有极大的诱惑力和市场潜力。调研中，我们发现，在以对外开放著称的粤港澳大湾区体现得尤为显著。

在广州，第130届广交会首次实行“线上+线下”融合举办。线下有7500家企业参展，就规模而言，仍然是疫情下全世界最大规模的线下展会；线上更新上传的展品总量超过300万件，大量新品上线。

在香港，随着香港国安法颁布实施，香港的繁荣发展迎来新的机遇。2021年10月初，香港特区行政长官林郑月娥在特区立法会发表她任期内的第五份施政报告时表示，2020年香港的外来直接投资流入金额位列全球第三；2021年母公司在海外或内地的驻港公司数量和初创企业数量同创新高，分别达9049家和3755家。

历史发展表明，在事物之间建立新的联系是实现创新的重要方式，这种创新思维也就是“跨越知识领域、产业乃至地域，做出惊人联系的能力”[2]。链接全球的产业、贸易网络，正在激发越来越强劲的产业创新能力。

[1] 中高收入家庭，指以购买力平价计算单位2011年国际美元计，年收入在2.2万美元以上的家庭。

[2] 克里斯坦森，戴尔，葛瑞格森．创新者的基因［M］．曾佳宁，译．北京：中信出版社，2020：26.

特别引起关注的是，2021年5月发布的《第七次全国人口普查公报》显示，广东常住人口超1.26亿人，和2010年第六次人口普查相比增加2171万人，人口总量和增加量均位居全国首位，占全国人口比重也从7.79%提高到8.93%。其中，60岁及以上人口占比12.35%，比全国平均比重18.70%低6.35个百分点。

人口是经济发展的关键因素之一，上述人口数据一方面体现广东经济对全国人口的吸引力，同时也为接下来10年、20年乃至更长久的粤港澳大湾区产业集聚、激活消费提供了巨大的发展空间和较为合理的人口年龄结构，为大湾区在双循环新发展格局中发挥更大作用提供基础性条件。

贰 湾区新机

创新是引领发展的第一动力，也是当今时代的重大命题。新一轮科技革命和产业变革加速演进，如何抢抓机遇，集聚资源，加快提升创新能力，已然时不我待。

一个枢纽在城市区位中所起的主要作用就是催化作用……最重要的贡献就是在经济增长使新城市的出现成为必然的关键时刻，使城市所在区位相对于其他地方处于优势地位[1]。

粤港澳大湾区，5.6万平方公里，8000万人口，5万多家国家级高新技术企业，超11万亿元的经济总量，产业体系完备，制造业基础雄厚，与旧金山、纽约、东京三大湾区相比，在地区生产总值、人口数、世界500强企业数量等方面不遑多让。

对于粤港澳大湾区而言，能否比肩国际一流湾区，创造人类城市文明的新地标，创新能力是最重要的评价指标之一。

对于投身粤港澳大湾区的千千万万企业主体而言，能否抢抓历史发展机遇，成长为行业领军企业、区域龙头企业，乃至全球性的伟大企业，创新能力是成功的“胜负手”。

调研发现，在打造具有全球影响力的国际科技创新中心的道路上，粤港澳大湾区不断孕育着企业发展、产业腾飞的新机遇。

——打开新空间：横琴升格前海扩容，正推动横琴加快成长为珠江口西岸地区新的增长点，推动前海增强大湾区发展引擎功能，为推动“双区”建设、粤港澳大湾区高质量发展提供有力支撑。

---

[1] 藤田昌久，克鲁格曼，维纳布尔斯．空间经济学：城市、区域与国际贸易[M]．梁琦，译．北京：中国人民大学出版社，2012：209.

——引领新发展：互联互通全面升级，港澳基础设施“硬联通”，规则机制“软衔接”，三地互联互通全面升级，人流、物流、资金流、信息流加速流通，三地协同发展进入新阶段。

——激发新活力：深化体制机制改革，创新成果层出不穷，带来营商环境不断优化和发展机遇不断涌现，进而牵引粤港澳创新资源要素的持续聚集，推动创新协同和产业协同。

——打造新支撑：科技基础设施集聚，加速集聚世界一流的科技基础设施集群，强化基础研究和关键核心技术协同攻关，逐渐筑牢“四梁八柱”。

——谋划新未来：产业升级湾区智造，以重大合作平台建设为抓手，加快建设大湾区现代产业体系，不断推动产业基础高级化和产业链供应链现代化，加速打造具有国际竞争力的先进制造业基地。

■从港珠澳大桥珠海公路口岸望去，横琴与澳门连成一片，落日晚霞照耀在横琴粤澳深度合作区上空（屈凌江摄）

（一）打开新空间：横琴升格前海扩容

摊开地图，前海与香港、横琴与澳门，盈盈一水之隔，两地不仅是粤港、粤澳合作的先天福地，更是承载“一国两制”实践的重要平台、驱动粤港澳大湾区建设发展的强劲引擎。

经过10余年的开发建设，横琴变身开放前沿，注册澳资企业累计超4000家，成为全国澳资企业最密集的区域；前海跃上改革潮头，累计注册港资企业1.15万家，成为内地与香港合作力度最大的区域之一。

2021年9月，横琴、前海迎来大升级。中共中央、国务院先后发布两份重磅文件：《横琴粤澳深度合作区建设总体方案》（以下简称“横琴方案”），《全面深化前海深港现代服务业合作区改革开放方案》（以下简称“前海方案”）。横琴“升格”，由珠海市管辖升格为广东省与澳门特别行政区共同管理；前海“扩区”，总面积从14.92平方公里扩展到120.56平方公里。

2021 年 9 月 16 日，横琴粤澳深度合作区夜空晴朗，横琴与澳门隔桥相望，夜色美轮美奂（黄晓楠摄）

“横琴方案”“前海方案”的出台，再一次向世界释放出改革不停顿、开放不止步的强烈信号，也再次凸显广东和粤港澳大湾区在我国经济版图中的重要性，在全面深化改革开放大局中的特殊意义。

横琴、前海在打造改革开放新高地中，具备区位优势、制度优势、开放优势。党中央作出开发横琴重大决策部署以来，横琴注册澳资企业累计超4000家，成为全国澳资企业最密集的区域；地区生产总值从2009年的2.85亿元增长到2020年的407亿元，年均增速达到64%，制度创新深入推进，从一个边陲海岛变成开发热岛、开放前沿。

“做好横琴粤澳深度合作区开发开放，不只是支持澳门经济适度多元发展，更是粤港澳大湾区制度创新的时代探索，表明了国家扩大开放的决心。”澳区全国人大代表、澳门发展策略研究中心会长萧志伟认为，用好“粤澳共商共建共管共享”新体制，有助于降低两地之间的制度性隔阂，发挥“一国两制”的制度性优势。

“前海方案”显示，前海深港现代服务业合作区扩展到集中连片的120.56平方公里，足足扩大约7倍。中高端要素高度集聚的区域，倍增的面积扩大，无疑将带来强大势能的骤然释放，为对接港澳发展、体制机制改革创新等带来全新机遇。“这不仅仅是土地空间的扩展、规模体量大的简单扩张，更是改革、发展、产业优势的叠加。”中山大学粤港澳发展研究院首席专家陈广汉说。

从前海合作区的两大定位——打造全面深化改革开放创新试验平台、建设高水平对外开放门户枢纽可以窥见，中央寄望前海在“双区”建设下探索全面深化改革开放“点”上的突破。

数据显示，截止到2021年8月，前海累计注册港资企业1.15万家，成为内地与香港合作力度最大、最富有前景的区域之一。累计推出645项制

■前海深港国际金融城（鲁力摄）

度创新成果，在全国复制推广65项，全省复制推广82项，全市复制推广203项；累计固定资产投资超2400亿元，累计实际利用外资227亿美元，平均每平方公里投资强度达161亿元，从一片滩涂地变成深圳经济发展要地、全球投资热土。

“在全面建设社会主义现代化新征程中，我们要推动高质量发展，推动科技创新，必须进行体制机制改革，推动以新技术、新产业、新业态、新模式为特征的新经济企业逆势而上。”中国（深圳）综合开发研究院常务副院长郭万达认为，前海本身具有“先行先试”的使命和“敢为人先”的基因，“前海方案”是香港发展的需要，也是深化改革的需要，未来要结合“一带一路”、CEPA（《内地与香港关于建立更紧密经贸关系的安排》）等众多机遇，通过“走出去、引进来”吸引更多全球高端要素到前海来，促进前海乃至粤港澳大湾区发展。

■深圳前海深港现代服务业合作区（朱洪波摄）

在新发展阶段，横琴、前海建设美好蓝图已在眼前，这必将推动横琴加快成长为珠江口西岸地区新的增长点，推动前海增强大湾区发展引擎功能，为推动“双区”建设、粤港澳大湾区高质量发展提供有力支撑。

“两份文件的出台，充分体现中央对粤港澳大湾区建设、粤港澳三地发展的高度重视和殷切期望。”国家发改委区域发展战略研究中心区域战略一室负责人张燕表示，横琴、前海将利用各自优势条件，更大力度推动对接澳门、香港的深度合作，这对粤港澳大湾区建设乃至全国深化改革开放起到重要的示范、带动作用。

（二）引领新发展：互联互通全面升级

在粤港澳大湾区内部，存在着两种制度、三种货币、三个独立关税区。这些独特的制度安排，一方面让三地发挥各自所长、实现优势互补，另一方面，也使得资源要素的便捷高效流动面临不少挑战。

对此，《粤港澳大湾区发展规划纲要》明确提出，到2022年，要实现区内要素流动顺畅；到2035年，大湾区内市场高水平互联互通基本实现，各类资源要素高效便捷流动。

在一个开放的区域中，经济增长与发展在很大程度上受区域间的生产要素流动以及货物与服务的运动影响。生产要素（劳动力、资本、技术知识）的流入会提高流入地区的生产能力，同时使技术知识得到扩散[1]。

调研发现，近年来粤港澳基础设施“硬联通”，规则机制“软衔接”，随着一项项制度加快衔接，一个个体制障碍接连突破，三地互联互通全面升级，人流、物流、资金流、信息流加速流通，三地协同发展迎来新机遇。

■2021 年 8 月 18 日下午 3 时，横琴口岸新旅检区域正式开通，第一批从澳门入境珠海的旅客正通过闸口（关铭荣摄）

[1] 陈秀山，张可云．区域经济理论［M］．北京：商务印书馆，2003：159.

■在横琴口岸，最快 20 秒就可完成内地与澳门双方边检查验手续，让不少澳门青年在珠海过上“双城生活”（关铭荣摄）

一方面，现代化交通体系不断完善，三地往来更加快捷，大湾区“1小时生活圈”基本形成。

2021年9月，粤澳新通道开通，青茂口岸衔接广珠城轨，澳门更加便捷地融入粤港澳大湾区城际铁路网络以及国家高铁网。三地建成一批重大跨境基础设施，大湾区高铁里程超过1200公里，港珠澳大桥、广深港高铁等标志性工程建成通车，从香港驾车到珠海、澳门仅需30分钟，香港往来广州行程缩短至1小时以内。口岸通关效率大幅提升，莲塘/香园围口岸、新横琴口岸正式开通，皇岗口岸重建等加快推进，深圳湾口岸货检通道、横琴口岸实现24小时通关，2/3的出入境旅客通过自助方式通关。

世界级机场群港口群加快形成，香港机场扩建、白云机场三期、深圳机场三跑道等加快建设，大湾区机场旅客吞吐能力合计超过2亿人次，港口集装箱吞吐量超过8000万标箱，均居世界四大湾区第一。

另一方面，规则衔接、机制对接不断深化，三地市场一体化水平明显提升，要素跨境流动更加便捷高效。

粤港澳把规则衔接作为打破要素流通壁垒的关键，积极探索“一事三地、一策三地、一规三地”，努力把制度之异转变为制度之利。

比如，随着大湾区职称评价和职业资格认可实施方案的印发实施，在建筑师、医师、教师、导游等8个专业领域，推进职业技能鉴定“一试多证”。“不到1年，就有超百位港澳专业人士和数十家港澳专业企业在横琴新区备案和执业。”华众联创设计顾问（横琴）有限公司总经理闫澍介绍，这为港澳专业人士打开通向广阔市场的大门，已有超过2000名港澳专业人士取得内地注册执业资格。

调研发现，粤港澳营商环境规则对接也取得新突破，在CEPA框架下探索对港澳实施更短的负面清单，基本实现与港澳服务贸易自由化，依托“数字政府”平台实现港澳企业商事登记“一网通办”。成效显而易见，截止到2021年上半年，3年间广东新引进港澳资企业5万多家，实际利用港澳资金3400多亿元。

此外，金融市场互联互通有序推进，广东自贸试验区试点开展FT（自由贸易）账户业务，“深港通”等便利措施落地实施，累计276家广东企业在香港上市，200多家港澳金融机构在广东设立分支机构。而随着大湾区标准化研究中心正式成立，三地食品安全、疫苗等技术标准实现互认，粤澳健康码实现快速转换。

不同寻常、经济表现卓越的世界城市是全球资本流出流进的地点。就跨国公司总部、金融市场、人口、就业和产出而言，这些世界城市通常是最大、最重要的城市。它们是世界经济的控制点，这里产生的大量有关生产和销售的重要资本和决策极大地发展了世界经济[1]。

2021年是“十四五”开局之年，粤港澳大湾区互联互通正在持续提速。未来，粤港澳三地将继续加速三地规则衔接、机制对接，到2025年大湾区铁路网络运营及在建里程将达到4700公里，全面覆盖大湾区中心城市、节点城市和广州、深圳等重点都市圈，“轨道上的大湾区”加快成形，努力实现主要城市间1小时通达，聚焦深入实施“湾区通”工程，促进各类要素高效便捷流动。

（三）激发新活力：深化体制机制改革

2021年5月18日，深圳市人民政府网站发布公告称，在服务“双区”建设专项招录公务员考试中，深圳首次设置定向港澳选拔职位，拟录用4名港籍公务员。

定向港澳选拔公务员，是广东、深圳深入推进粤港澳大湾区建设的创新举措，具有先行示范的重要意义。《粤港澳大湾区发展规划纲要》提出，鼓励港澳居民中的中国公民依法担任内地国有企事业单位职务，研究推进港澳居民中的中国公民依法报考内地公务员。而国家也赋予深圳在干部和机构管理、统筹使用各类编制资源等方面更大的自主权。

深圳大学中国经济特区研究中心主任陶一桃认为，此次录用意味着粤港澳大湾区的协同发展，已开始由政策开放走向制度创新。

调研发现，在粤港澳大湾区建设进程中，体制机制改革正在不断深入，并持续激发创新活力。尤其是作为正在建设中国特色社会主义先行示范区的深圳，在制度创新层面始终走在前列，出台《个人破产条例》，实

[1] 施图茨，沃夫．世界经济：地理、商业、发展［M］．彭志文，译．上海：上海人民出版社，2020：386．

施营商环境改革措施20条，首创港人港企首席联络员直通车服务，前海法院创新跨境商事争议多元解纷体系，与国际接轨推行项目攻关“悬赏制”、项目评审“主审制”、项目经费“包干制”……

深圳制度创新成果层出不穷，带来的是营商环境的不断优化和发展机遇的不断涌现，进而牵引粤港澳创新资源要素的持续聚集，推动创新协同和产业协同，蕴藏着巨大的能量。

中央发布的“横琴方案”“前海方案”，则把制度创新贯穿两份方案始终，这也为进一步深化体制机制改革创造了新平台、新机遇。

国家发改委区域发展战略研究中心战略一室负责人张燕认为，横琴、前海作为对接港澳的桥头堡，是丰富“一国两制”实践的实验场，是高端资源要素汇聚之地。制度的差异既是挑战，也为“两制”衔接利用提供巨大潜力，更为全面深化改革开放带来动力。

■横琴·澳门青年创业谷已成为粤澳青年的创业乐土（关铭荣摄）

■香港创业青年在前海 e 站办理登记注册（鲁力摄）

在“横琴方案”中，最为引人瞩目、最重磅的部分，无疑是“粤澳共商共建共管共享”新体制。在机构设置方面，将创新设立三层管理机构，重点解决合作区如何管的问题；在共享机制方面，将重点解决开发建设收益如何分配、如何有效支撑合作区持续发展的问题；在评估机制方面，将围绕是否促进澳门经济适度多元发展的建设初心，研究编制指标体系并开展年度评估。

调研中，多位受访专家表示，“粤澳共商共建共管共享”新体制，将会共同对横琴粤澳深度合作区的产业需求、产业布局、产业引入、城市融合、人才招揽等进行专职管理，并从多个维度推动制度创新，形成产业融合、市场相通、创新互促、民心互通的良性循环。

“前海方案”同样将制度创新视为重中之重，提出要建立健全联通港澳、接轨国际的现代服务业发展体制机制；建立完善现代服务业标准体系，开展标准化试点示范；推进以法定机构承载部分政府区域治理职能，允许符合法定条件的港澳和外籍人士担任前海合作区内法定机构职务的探索。

香港中文大学（深圳）全球与当代中国高等研究院院长郑永年认为，两个合作区新方案不仅是物理空间的扩展，更是制度创新的扩容，让横琴和前海有了更大的改革自主权，粤港澳融合发展有了更大的纵深。

（四）打造新支撑：科技基础设施集聚

建设具有全球影响力的国际科技创新中心，是粤港澳大湾区的五大战略定位之一。

“十三五”期间，大湾区综合性国家科学中心先行启动区获得国家批复同意，重大科技基础设施实现跨越式发展，中国（东莞）散裂中子源建成并投入运行，强流重离子加速器、新型地球物理综合科学考察船等一批国家重大科技基础设施开工建设。

国家“十四五”规划纲要提出，粤港澳大湾区要成为引领高质量发展的第一梯队。支持粤港澳大湾区科创合作的重大科学装置、国家重点实验室和高校等，为大湾区科研人员交流、合作研究、联合培养人才等科创协同发展提供硬件保障。

目前，大湾区已建成及在建多个服务于科创合作的硬件基础设施，包括东莞散裂中子源、深圳大亚湾中微子实验站、江门中微子实验站等，还有国家超级计算广州、深圳中心，深圳国家基因库等一批大科学装置已落户大湾区。此外，一批国家重大实验室及联合实验室已在大湾区各地布

■澳门大学横琴校区（张由琼摄）

局。科技部表示，为进一步优化大湾区实验室体系，将支持港澳建设20家国家重点实验室、广东省建设30家国家重点实验室，支持建设140余家面向港澳的孵化载体。

在高校建设方面，香港大学、香港中文大学、香港浸会大学等高校已在大湾区以不同形式设立分校。香港科技大学（广州）计划于2022年开始招生；香港中文大学（深圳）医学院2021年8月17日正式成立，在9月迎来第一批新生。

目前，粤港澳大湾区正抢抓新一轮科技革命和产业变革机遇，一批科技创新和产业协作项目有序推进，三地科技设施联通、科技要素畅通、创新链条融通的创新网络初步形成，一批世界级先进制造业产业集群呼之欲出。

要在世界级的湾区竞合中脱颖而出，创新已成为“胜负手”。中山大学区域开放与合作研究院院长、粤港澳发展研究院教授毛艳华认为，要坚持创新在现代化建设全局中的核心地位，以粤港澳大湾区国际科技创新中心建设为引领，推动高质量发展。

2021年，广东省共安排1395个省重点项目，总投资7.28万亿元，年度计划投资8000亿元。其中，广东移动5G网络三期工程、佛山蓝湾云计算产业项目、润泽（惠东）国际信息港（一期）等项目陆续开工建设。

2021年9月26日，广东省举行2021年第三季度重大项目集中开工活动暨重大工程建设项目总指挥部第七次会议，此次共有1193个项目开工，总投资约10 110亿元，主要涉及绿色能源、支柱产业、交通民生建设等领域。

各市积极布局重点项目。以广州为例，2021年广州市重点建设正式项目共666个，年度计划投资3417亿元。同时强化重大项目储备，重点建设预备项目共111个，年度投资计划186亿元。目前，南沙区明珠科学园、南方海洋科学与工程省实验室（广州）等项目已正式动工。广州正着力构建以呼吸领域国家实验室为引领、粤港澳大湾区国家技术创新中心为支柱、重大科技基础设施（4个）为前沿研究战略支撑、省实验室（4个）为原始创新主力军、多个高水平创新研究院为技术供给主平台，具有广州特色的“1+1+4+4+N”战略创新平台体系“硬核”布局。

基础设施在大湾区落地，资源聚集效果辐射全球。多物理谱仪是一台中子全散射谱仪，可用于不同有序度材料的结构研究。位于广东东莞的中国散裂中子源是粤港澳大湾区首个国家重大科技基础设施，于2018年8月通过验收，正式投入运行。自2021年10月起，多物理谱仪正式向通过项目评审的全球实验申请者开放。

■位于东莞的中国散裂中子源（孙俊杰摄）

步入“十四五”，粤港澳瞄准世界科技前沿领域，大力发展新技术、新业态、新模式，突破解决关键技术“卡脖子”问题。

《广东省科技创新“十四五”规划》提出，依托广州科学城、光明科学城、松山湖科学城、西丽湖国际科教城等重点创新平台，建设“广深港”科技创新走廊，创新广深港科技合作机制和模式。加快推进南沙粤港澳全面合作示范区、南沙科学城、珠海西部生态新区、中山翠亨新区等重点创新平台建设，形成“广珠澳”科技创新走廊，深化粤澳科技合作，集聚高端创新资源。

调研发现，近年来，一批集成电路重大项目在大湾区布局，一批5G产业园陆续落地，首批8个“5G+工业互联网”应用示范园区加快落地，为广东战略性产业集群发展提供重要支撑。

《广东省培育半导体及集成电路战略性新兴产业集群行动计划（2021—2025年）》提出，将在2025年达到集群主营业务收入突破4000

亿元的目标，同时加大财政和金融支持力度，每年投入不低于10亿元用于支持集成电路领域技术创新，以补齐产业链短板，提升产业链、供应链的稳定性、安全性，为推动制造业高质量发展提供有力支撑。

广东省发展改革委公布的数据显示，2021年，广东移动5G网络三期工程、广东联通5G通信网络建设项目、广东铁塔移动通信基础设施项目将建设8.5万个5G基站、5000个4G站址。佛山蓝湾云计算产业项目将建设机楼、产业和配套服务用房等，建筑面积13.7万平方米。润泽（惠东）国际信息港（一期）正在建设数据中心机房及配套设施，具备3万架装机能力，建筑面积20万平方米。

（五）谋划新未来：产业升级湾区智造

制造业是现代经济体系的支柱，通过数字化实现智能制造是制造业的大势所趋，人机交互、预测性维护、网络安全、弹性变化、自动化和边缘计算等新概念、新模式层出不穷，成为推动制造业变革的重要推手。

“硅谷的贡献在于其能慧眼识别可能对社会产生颠覆性影响的发明，从而对它进行商业性开发，然后用它迅速制造财富……硅谷的那些研究中心从来就不是真正的‘研究’中心，而是‘研发’中心，它们更偏重‘开发’而不是‘研究’。”[1]

中国电子技术标准化研究院发布《智能制造发展指数报告（2020）》显示，75%的企业开始部署智能制造；14%的企业处于成熟度二级，迈向数字化阶段；6%的企业处于成熟度三级，网络化特征明显；5%的企业处于成熟度四级以上，标杆示范效应显现。

---

[1] 拉奥，斯加鲁菲. 硅谷百年史［M］. 闫景立，谈锋，译. 2版. 北京：人民邮电出版社，2014：3.

■松山湖国际创新创业社区（孙俊杰、黄政正摄）

粤港澳大湾区要建设世界一流湾区，就必须尽快实现在制造业变革中走在全国全球的第一方阵。

粤开证券首席经济学家、研究院院长李奇霖认为，随着制造业转型升级，珠三角地区正逐渐从“中国制造”向“中国智造”转变，珠三角的世界工厂地位并未随着原有劳动密集型制造业的转移而消失。在这背后，正是创新驱动下的智造升级。

普华永道中国发布的《机遇之城2021》报告显示，广州和深圳分别在“智力资本和创新”与“技术成熟度”两个维度上位列47座全国大中城市的首位，在“科技支出”这一变量上，澳门、深圳和珠海排名前三。进一步加大科技投入以提升城市科创水平，以其为核心，使科技创新和知识向整个粤港澳大湾区扩散和辐射。

除此之外，深圳、广州、香港和澳门具有良好的高等教育基础，深圳依托重大高新技术具有良好的科技成果转化能力，这些都为大湾区的智造

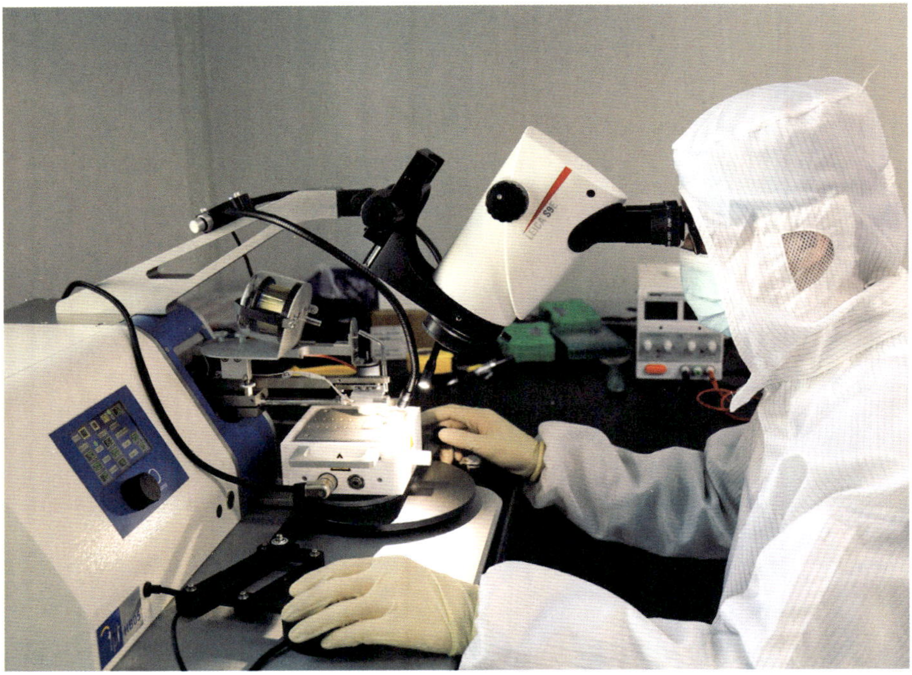

■松山湖材料实验室的分子材料研究团队研发人员在实验（孙俊杰摄）

升级提供得天独厚的优势条件。

一方面，制造企业加速数字化，成效也不断显现。近几年，美的集团每年数字化转型投入均超过20亿元，两家工厂入选世界经济论坛“灯塔工厂”，TCL运用数字化手段已累计节省制造成本2.67亿元。

2021年9月公布的第四届中国质量奖，广东共有4家企业、1名个人获奖。美的集团股份有限公司的“5全5数智能质量管理模式”获奖表彰，中兴通讯股份有限公司、广州金域医疗检验集团股份有限公司和深圳华大基因科技有限公司火眼实验室3家组织的质量管理模式和董明珠荣获第四届中国质量奖提名奖。

另一方面，一大批智造服务型企业也不断涌现。

位于深圳的大族激光智能装备集团，以智能制造领域的激光、机器人及自动化技术为核心业务，实现了从小功率，到大型高功率激光技术装备研发、生产的跨越式发展，2020年营收近120亿元，同比增长25%。

制造与数字化技术、服务的深度融合，成为粤港澳大湾区产业发展的突出特点。2021年上半年，广东15家智能家电产业集群上市公司实现营业收入3554亿元、净利润279亿元，同比分别增长29.96%和22.23%。

大湾区的制造大市不断加强平台建设，探索智能制造的新路径。

地处粤港澳大湾区腹地，佛山一直是观察中国制造业的重要窗口。佛山的工业体系门类齐全，涵盖了几乎所有制造业行业。其中，家用电器、金属制品、陶瓷建材、纺织服装、家具制造等传统产业优势明显，产业集群竞争力突出。

工业富联看中这一特点，在这里建设佛山智造谷，作为其智造谷模式的重要实践基地，通过挑选佛山主要产业集群的行业龙头企业，帮助企业打造“灯塔工厂”示范标杆，为其所在的行业和产业链上下游提供借鉴；同时，与本土龙头企业合作，打造具有产业链和产业集群特点的区域工业互联网平台，服务于产业内的中小型企业。

紧邻佛山的广州，则与港澳深度合作，依托原广州开发区西区的产业基础，加快建设穗港智造合作区，以高标准打造以“粤港澳合作”和“智能制造”为主线的穗、港、澳三方深度对接、机制共建的新型园区，其中将塑造“穗港创城，湾区智岛”产城融合的粤港澳大湾区高端装配创新中心，规划构建“绿色建筑”“智能制造”1+1的产业体系，定位绿色建造、智能创新示范区先行区等。

“智能技术和粤港澳大湾区将为香港经济和科创产业的发展提供前所未有的机遇。这个机会稍纵即逝，香港要勇于创新、大胆布局，实现香港创新科技的突破。”大疆创新科技有限公司董事长李泽湘说[1]。

粤港澳先进制造产业联盟理事长孙喜田认为，当前世界经济的快速发展变化主要来自三个方面的原因，新冠疫情的暴发、中美关系以及第四次工业革命。未来10到20年制造业的大趋势是数字化，粤港澳大湾区建设以及传统制造业的转型升级是大机遇。

[1] 马化腾．粤港澳大湾区：数字化革命开启中国湾区时代［M］．北京：中信出版社，2018：148.

叁 | 集群力量

产业集群，是广东制造业实现高质量发展的关键一环。

“政府最适当提供的角色是，推动并挑战产业升级，而非提供使产业逃避进步的‘扶持’。”[1]粤港澳大湾区，在适当的政府引导支持下，充沛的市场活力激发的创新动能成为产业创新发展的关键动力。

2020年9月起，广东高起点培育20个战略性产业集群，加快塑造广东产业发展新优势，拉动经济向好。数据显示：2021年上半年，20个战略性产业集群中共有14个产业集群增速超过地区生产总值增速，成为经济增长的重要支撑。

走访调研发现，产业集群充分释放出四股力量：一是平稳的力量，支柱产业集群发挥“压舱石”作用；二是进击的力量，新兴产业集群迸发“新引擎”动能；三是突破的力量，攻克关键核心技术“卡脖子”问题；四是重构的力量，打造自主可控的产业链、供应链。

按照《广东省制造业高质量发展“十四五”规划》，到2025年，制造业增加值占地区生产总值比重保持在30%以上。文件首次对全省21个城市培育发展20个战略性产业集群的区域布局重要程度进行了星级标注。广东能否加快实现从制造大省到制造强省的历史性转变，关键就看产业集群的四股力量。

调研组通过对粤港澳大湾区的1989家企业问卷调查发现，形成上下游联系紧密的产业集群已经成为广东产业发展，特别是制造业的重要组织形态，并带来降低全产业链成本、提高供应链灵活性等优势，但也面临同行竞争激烈、要素成本上涨等压力。

---

[1] 波特．国家竞争优势［M］．李明轩，邱如美，译．北京：中信出版社，2012：27．

（一）平稳的力量：支柱产业集群发挥“压舱石”作用

主导产业是区域经济增长的源泉，其类型与技术水平代表了区域经济增长水平与区域所处发展阶段。但主导产业功能的实现需要辅助产业与服务产业的支持[1]。

这一产业发展的趋势特点在粤港澳大湾区体现得非常显著。

广东的十大战略性支柱产业立足于“稳”，产业关联度高、链条长、影响面广，对广东经济发展起到“稳定器”的作用。新一代电子信息、绿色石化、智能家电、汽车产业、先进材料、现代轻工纺织、软件与信息服务、超高清视频显示、生物医药与健康、现代农业与食品等10个产业的产值都在5000亿元以上。

2021年上半年，广东十大战略性支柱产业集群实现增加值19 576.46亿元，同比增长16.9%，增幅高于全省地区生产总值增速3.9个百分点，占全省地区生产总值比重34.2%。

■腾讯清远云计算数据中心将全面落地200项新兴数字化技术，与腾讯云在粤港澳大湾区中已有的核心节点以及边缘节点连接，形成覆盖大湾区、辐射东南亚的数据中心互联平台，重点推动大湾区内各行业数字化升级（吴伟洪摄）

[1] 陈秀山，张可云．区域经济理论［M］．北京：商务印书馆，2003：123.

调研发现，2021年以来广东战略性产业集群发展呈现三个新趋势：

其一，新一代电子信息产业集聚效应明显，创新能力突出。截至2021年第三季度，广东共有214家新一代信息技术企业在创业板上市，总市值近2.5万亿元，覆盖了信息网络、互联网、高性能集成电路等细分领域企业。以通信行业为例，创业板集聚了该行业中四成以上的上市公司。其中，细分领域企业在关键技术上不断取得重大创新，创新链持续完善，助推产业转型升级。例如，在电子元器件领域中，三环集团坚持技术创新的道路，光通信用陶瓷插芯产品的全球市场份额超过75%，片式电阻用氧化铝陶瓷基板的市场占有率超过55%，更有劈刀、电阻浆料等多项产品和材料实现了国产化替代，为完善和健全国内产业链贡献了重要力量。

其二，生物医药产业集群呈爆发式发展，产业闭环初步构建。调研发现，疫情大考下，广东生物医药产业链协同效应明显：核酸检测实现规模化，第三方医学检测产业全国领先；疫苗研发加速度，“粤产”新冠病毒疫苗快速上市；产学研融合一体化，初步构建产业集群高质量发展的生态闭环。

■广州白云区广州体育馆，深夜间的“猎鹰号”气膜实验室正紧张运作（石磊、张由琼摄）

2020年5月，输入性新冠病例引发广东本土疫情。这一轮疫情防控中，广东生物医药产业链协同效应渐显：从各级重点实验室，到疫苗研发生产企业、第三方检测机构，再到制药厂，多方协同作战。“新冠疫情加速推动了产学研全产业链融合的进程。”在生物岛实验室智库负责人冷民看来，这充分体现了广东在生物医药检测领域产学研一体化的强大优势。

创业板的数据，则从资本的维度印证了广东生物医药产业的蓬勃发展。95家生物医药企业在创业板上市，占深市生物医药企业数量近六成，总市值近3万亿元，覆盖了从化学药剂到中药饮片、从基因检测到体外诊断、从生物疫苗到血液制品、从医疗器械到医疗服务等的全产业链体系。

其三，智能家电、汽车产业集群发展势头强劲。2021年，广东汽车产业持续回暖，上半年实现增加值903.88亿元，同比增长24.2%；其中汽车整车制造完成增加值432.33亿元，增长27.6%。2021年7月，广汽丰田新能源车产能扩建项目一期在南沙投产，预计释放产能20万辆/年，项目定位于丰田全球新一代模范工厂的生产线。

2021年上半年，智能家电产业集群呈现新发展，集群内5627家企业完成增加值1555.45亿元，同比增长32.4%，占地区生产增加值比重2.7%。占比最大的家用电器制造业完成增加值1222.49亿元，同比增长29.6%。作为广东家电行业的两大龙头，美的和格力再次携手进入《财富》世界500强榜单。公开财报显示，美的上半年实现了营收和利润的逆势双增长。

“当举国注意力集中在某一产业时，这股力量的涟漪效应非常可观。”[1]广东产业发展的经验再一次表明，国民经济体系中的重大产业发展，可以对现代经济体系的建立起到顶梁柱的作用，带动和辐射更多产业

[1]　波特. 国家竞争优势［M］. 李明轩，邱如美，译. 北京：中信出版社，2012：103.

集群联动发展。

（二）进击的力量：新兴产业集群迸发“新引擎”动能

战略性新兴产业集群是以重大技术突破和重大发展需求为基础，对经济社会全局和长远发展具有重大引领带动作用的先导产业。2021年上半年，广东十大战略性新兴产业集群营业收入合计10 403.29亿元，同比增长29.2%，增幅高于全省经济增速15.8个百分点，对广东经济发展具有重大引领带动作用。

经验表明，创新活动程度高的行业都是那些运用相对较新的技术范式的行业，或者那些结构重组的行业[1]。

调研发现，面对信息技术、数字化智能化制造技术、新材料技术等催生的科技革命和产业革命，广东正成为全球步入新兴产业孕育发展关键期的一处重要缩影，重点领域在全球范围内实现弯道超车甚至领跑发展。

坚持自主创新，补足高端短板。以近年来备受关注的芯片领域为例，广东的产业优势集中在中游的设计、下游的广阔市场以及电子整机，短板在上游的设备和中游的芯片制造与封测，如今这一状况正在发生改变。

粤芯半导体，这家本土企业坚持自主创新，成为大湾区唯一进入量产的12英寸晶圆制造企业，也是国内首个可为客户“定制芯片”的芯片企业，极大地提高了生产效率、降低了成本。

在新能源领域，贝特瑞打破日韩企业常年垄断锂电池负极材料的市场局面，同时打造了从石墨矿到锂离子电池负极材料的完整垂直产业链，成为全球最大的锂电负极材料生产企业。贝特瑞董事长贺雪琴坦言，贝特瑞的成就不在于全球第一的行业地位，而是要改变行业游戏规则，让中国企

[1] 陈秀山，张可云. 区域经济理论［M］. 北京：商务印书馆，2003：252.

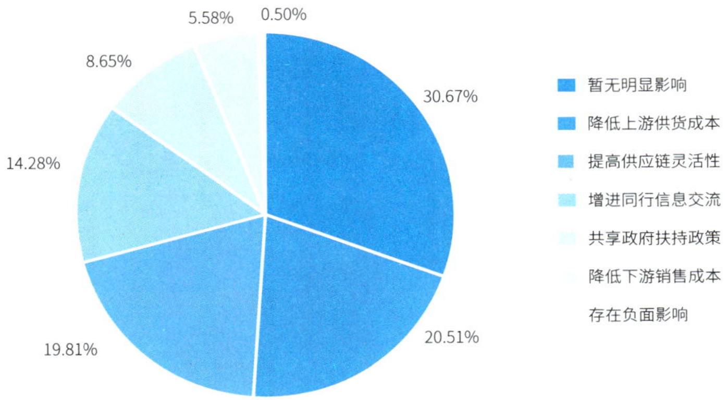

图 3-1　产业集群带来的正面影响分析

■调研发现，接近七成的企业都受益于产业集群的正面影响：降低成本，提高供应链灵活性，共享行业信息和政府扶持政策等

业在这一领域不再是“低质”“低端”的代名词。

拥抱跨界融合，产业协同发展。长仁机器人在控制器上选择与固高科技（深圳）有限公司合作。“固高自主研发的控制器在码垛行业的应用已经赶上国外企业，但还需要更多应用场景去试错、完善。”广州长仁工业科技有限公司总经理姚振祺解释道，长仁与固高合作后，近年来持续提供大量工业机器人应用数据用于控制器测试和迭代，“经过产业链合作创新，帮助完善代码和技术，国产控制技术也越来越成熟。”目前，广东已建立多个机器人产业园区，聚集机器人企业，实现集群式发展。

不少广东企业明确表示，产业融合是新一轮科技革命和产业变革的一个重要特征，也是战略性新兴产业发展形成新动能、新业态、新模式的重要途径，从而积极拥抱产业融合，实现跨界共赢。

向全球化产业发展前沿迈进。发展自主创新、产业链可控的芯片产业，并不意味着闭门造车。在粤芯半导体的无尘生产车间里，生产无人车沿着空中轨道飞驰运转，来自光刻机生产厂家、芯片设计厂家和粤芯半导

■机场高速收费站的智能收费机器人，集收卡机、读卡器、车牌识别、扫码支付、信息显示屏、语音播报、票据打印机等多种设备于一身（符超军摄）

体的员工穿梭其中，这就是广东芯片产业全球化的缩影。

向着全球产业发展的前沿迈进，是广东新兴产业发展的另一个重要趋势。2021年3月，TCL沿泛半导体产业链进行战略布局，注册了TCL微芯半导体技术公司，该公司将成为TCL半导体业务平台，围绕集成电路设计、半导体功率器件等领域探索新投资和发展机会。在产业升级的同时，TCL还完成了从“国际化”到“全球化”的经营布局与转型，在全球拥有42个研发机构、32个制造加工基地，业务遍及160多个国家和地区，全球累计服务用户超过9.6亿。

调研发现，一些战略性新兴产业仍存在核心创新能力薄弱、关键核心技术受制于人、产业链不完整、产品结构不平衡的问题，在突破产业发展瓶颈和短板，构建产业创新平台和创新体系上仍有较大空间。与此同时，在保护主义和单边主义的影响下，战略性新兴产业向全球价值链高端迈进还需要产业基础、创新能力、人力资源、市场规模等方方面面的支持。

■深圳市光明区 TCL 华星厂区全自动生产线（鲁力摄）

（三）突破的力量：攻克关键核心技术“卡脖子”问题

近年来，广东一方面“围绕产业链、部署创新链”，提炼产业链中的核心问题、“卡脖子”的关键技术问题，放到创新链中解决；另一方面“围绕创新链、布局产业链”，挖掘对产业发展有引领作用的新增长点，围绕新增长点开拓应用市场，让新技术与市场充分碰撞，促使创新链中的“种子”在产业链中“结果”。

中国在全球消费电子产品出口中所占的份额极大，但并不说明它的技术成熟度较高……事实上，它的出口中有不少是加工产品或外国生产的零部件组装成的产品，这意味着它们的大部分价值都来自从日本、韩国、德国和美国等国家采购的半成品[1]。

[1] 欧文. 贸易的冲突：美国贸易政策200年[M]. 余江，刁琳琳，陆殷莉，译. 北京：中信出版社，2019：671.

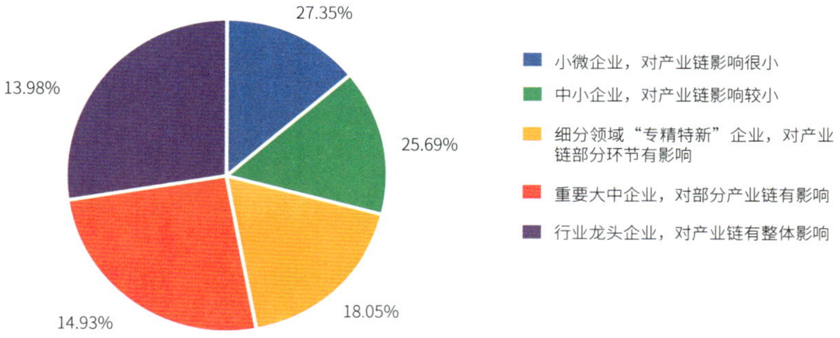

图 3-2　不同企业在产业链上的位置分析

■中小微企业数量巨大，是产业集群发展的基石，龙头企业数量上只占 14%，却对产业链具有引领作用

走访粤港澳大湾区多个行业、多家重点企业，调研发现粤港澳大湾区攻克关键技术“卡脖子”实现了三种路径转变。

第一，实现从“装备技术引进来”到“强内功强创新”的转变。

以数控机床产业为例，广东该产业起步晚，缺乏核心技术积累，长期落后于发达国家。发展初期，企业多从学习模仿国外设备入手，客观上需要引进国外技术，但核心技术却买不来，一度只能陷于产业低端领域和环节。为加快进入中高端环节、促进产业转型升级，来自市场的力量率先开展自主创新，破解“卡脖子”困局。其中，被誉为“中国南方数控产业基地”的广州数控设备有限公司作出了多项重要探索，如研发GSK交流伺服驱动，填补国内空白，迫使国外同类产品降价50%；攻坚一年研制出五轴联动高端数控机床，自此打开航空发动机叶片加工高端数控机床市场。该企业近10年研发投入占销售收入比重均超过14%，截至目前，已有110万台（套）数控系统落地。

又如前沿新材料，这是未来产业发展的制高点，具有颠覆现有生产模式、引领新的万亿级产业的前景，石墨烯、纳米材料等“王冠上的明珠”

■技术人员对广州数控机器人进行调试（肖雄摄）

成为国际巨头们争夺的重点。在粤港澳大湾区内，该产业相关企业、新型研发机构的创新成果正“多点开花”。其中，碳纤维被看作“21世纪的黑色黄金”，此前高端碳纤维技术由美日垄断，但如今深圳烯湾科技有限公司已自主研发出碳纤维的“下一代”碳纳米管材料，在全球率先突破量产难题，解决国内瓶颈。

第二，实现从“市场换技术”到“市场育技术”的转变。

粤港澳大湾区地处改革开放前沿，经济繁荣，拥有巨大的应用市场优势。一方面，这对世界各国企业来此投资、开展合作形成强大吸引，有利于以市场换技术；另一方面，经过多年发展，这里已形成电子信息、汽车、家电等一批万亿产业集群，成为大量自主创新技术的“试验田”和“培养池”。

在针对数控机床产业的调研中，广州敏嘉制造、昊志机电等一批民营“隐形冠军”的自主创新秘诀值得思考。“一是响应速度快，市场需要什么就迅速研发和生产；二是坚持创新引领，不仅能够解决市场需求，同时提升技术创新水平，进一步拓展市场空间。”广东工业大学副校长、教授王成勇总结了两大特点。2021年11月，广东工业大学集成电路学院揭牌成立，以更有力支撑广东“强芯工程”实施，服务于集成电路“卡脖子”产业发展急需。

正如敏嘉制造总经理赵虎所言，通过贴近市场持续创新，为用户提供定制化、个性化的产品和服务来塑造核心竞争优势，该企业从2002年起迎来“黄金十年”，产值每年翻一番。昊志机电市场总监孟治国也持类似观点，新市场、新需求催生新技术，“很多数控机床领域的新产品、新技术，珠三角都是试验田，广东企业先做，然后一步步再传导到外省”。

第三，实现从“企业主导、各自打拼”到“串珠成链、抱团突围”的转变。

培育产业集群，市场需求导向和科技推动导向缺一不可，依靠原创性颠覆性技术突破，才能实现创新链和产业链融合、从科技界到产业界全链条贯通。随着近年高水平大学建设持续发力、大科学装置陆续布局、知名科研机构加快集聚、各级创新中心和实验室落成运作，广东正全面强化产业系统创新能力和协同研发能力，高效攻坚产业共性问题，降低创新资源重复利用。

位于广州中新知识城的“中国纳米谷”是全国在建最大的纳米技术产业化基地。广东粤港澳大湾区国家纳米科技创新研究院（以下简称“广纳院”）深度参与该基地运作，目前已有21个高端项目成果陆续转化，其中5G滤波器、汽车电池防火隔膜材料等项目将投入中试和产业化，解决“卡脖子”问题。“要把‘中国纳米谷’打造成全国纳米科技成果转化的源头。有了源头，前沿新材料成果就能更快变为产业运用的技术。”中国科学院院士、广纳院院长赵宇亮这样总结。

数控机床产业“抱团突围”的新动向值得关注。该产业首个省级制造

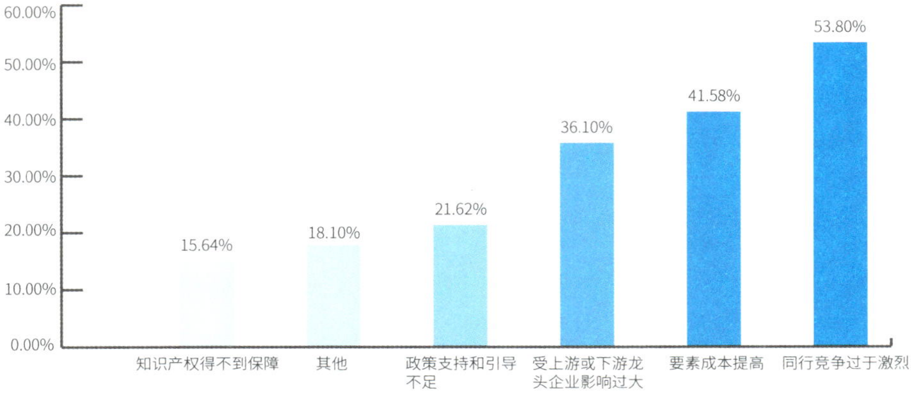

图 3-3 产业集群中面临的主要困难分析

■公平而充分的市场竞争是推动产业良性发展的重要动力，但在要素成本提高的背景下，如何引导同业之间的竞争从成本竞争更多转向技术竞争、创新竞争，成为大湾区产业发展的重要课题

业创新中心——广东省高档数控机床及关键功能部件创新中心落户南沙，由广州数控、敏嘉制造、凯特精机、佳盟子机床等10家行业龙头企业作为发起单位，联合广东工业大学、华南理工大学等高等院校共同组建。该中心将以“公司+联盟”的模式运营，面向数控机床及关键功能部件、关键零部件等领域，开展关键技术协同攻关、技术发展趋势等信息服务和产学研合作，持续提高数控机床质量与关键核心技术水平。

（四）重构的力量：打造自主可控的产业链供应链

粤港澳大湾区得开放风气之先，产业规模大、韧性强、活力足，市场消费规模巨大，区域创新综合能力处于全国前列。

事实上，在全球化不断深化的今天，包括大湾区在内的产业力量已经成为全球产业发展和商品贸易网络中不可或缺的重要组成部分。“没有亚洲在工业工艺方面的显著进步，硅谷的许多伟大产品的成功故事可能根本

■主播正在直播中展示欧派橱柜的产品（石磊摄）

就不会发生。”[1]

在培育战略性支柱产业和新兴产业集群过程中，拥有自主可控的供应链成为企业竞争的必选项。其中，自研工业软件成为重中之重。

如果国内市场需求旺盛，关联产业必然会蓬勃发展，以填补产品发展的需要，取代进口，产业内部的组织和运作也更有效率，更切合实际。讲求效率的本国上游供应商通常是尾随着下游产业一同成长[2]。

调研中，欧派集团副总裁杨建军认为，对于定制家居行业来说，满足不同用户群体的个性化需求，数字化转型是最佳路径。“国外的软件已经不能满足个性化定制化的生产需求了。我们自主研发的工业软件，既有设计效果又兼顾制造工艺，效率非常高。”杨建军表示，欧派在前端有7000

[1] 拉奥，斯加鲁菲．硅谷百年史［M］．闫景立，谈锋，译．2 版．北京：人民邮电出版社，2014：446．

[2] 波特．国家竞争优势［M］．李明轩，邱如美，译．北京：中信出版社，2012：123．

余家门店，下一步将打造一条从门店用户定制到车间生产的全流程柔性生产线。

必须走自主研发工业软件的道路，这也是美的转型升级实践中的深切感悟。

“2016年，我们在数字化转型过程中遇到了巨大的困难。从原来的大规模生产转型以销定产，订单全面碎片化，生产线从1万台缩减至几十台，国外的工业软件完全不能用。”美的集团副总裁兼CIO（首席信息官）张小懿回忆，“我们花了四年时间自主研发，重写了整套工业软件。”

在张小懿看来，中国制造业规模体量最大、种类最多，自主研发的工业软件比国外软件适用范围更广、效率更高、迭代更快。

一个产业的生产要素——尤其是创造出生产要素的动力——会影响到相关产业的发展。因为生产要素所创造的技术、知识和科技具有扩散效应，与它相关的产业也会获得好处[1]。目前，很多制造企业使用的信息化系统软硬件仍为海外进口，存在“卡脖子”风险。

对此，TCL科技集团股份有限公司数字化转型部部长施卫国建议，广东出台相关政策鼓励制造业龙头企业加大工业软件的自主研发，加强国内企业自主软件的研发及相关知识产权积累，逐步实现自主可控。“此外，制造行业缺少既熟悉业务又懂技术的复合型数字化人才，建议政府在促进制造业企业吸引高端数字化人才方面加大支持力度。”

调研发现，一些战略性支柱产业和新兴产业仍存在创新支撑不足、关键核心技术受制于人的问题，在增强自主创新能力上仍有较大空间。

---

[1] 波特．国家竞争优势［M］．李明轩，邱如美，译．北京：中信出版社，2012：123．

肆 专精特新

“专精特新”企业并非一个新概念，早在2011年工信部就在《“十二五”中小企业规划》中首次提出将“专精特新”作为中小企业转型升级的重要途径。专，即专业化；精，即精细化；特，即特色化；新，即新颖化。

随着粤港澳大湾区建设的全面推进，产业集群发展日益向着高端化、精细化方向发展，对细分领域的精益生产能力、迭代创新能力等方面的要求不断提高。加上全球供应链安全遭受挑战，经济规模中等或较小但在细分领域拥有全国乃至全球竞争优势的中小企业更加受到重视。调研显示，受访企业的关键技术或核心零部件接近六成来自省内，在这背后，一大批“专精特新”正在成为支撑粤港澳大湾区产业集群发展的新生力量。

（一）专精之道：细分领域实现世界级突围

复杂社会分工是现代化经济体系的重要特征，在细分领域专注发展、精益求精也就成为“专精特新”的首要特点。博纳环境设备（太仓）有限公司总经理杨鑫华在分析德国中小企业成功的秘诀时就直言：“因为‘专精特新’前两个，‘专’和‘精’，德国所有的创新是一种渐进式的创新，不是颠覆性的创新，这是它的一个特点。我们从一个非常小的部件，哪怕一个螺丝钉也好，把它创新出来，让产品能够得到提升。”

非市场力量影响着创新者开发和利用新颖产品与服务的动机或者能力。增强能力或动机的行为有助于促进创新[1]。

[1] 克里斯滕森，安东尼，罗恩．远见：用变革理论预测产业未来［M］．王强，译．北京：商务印书馆，2012：132.

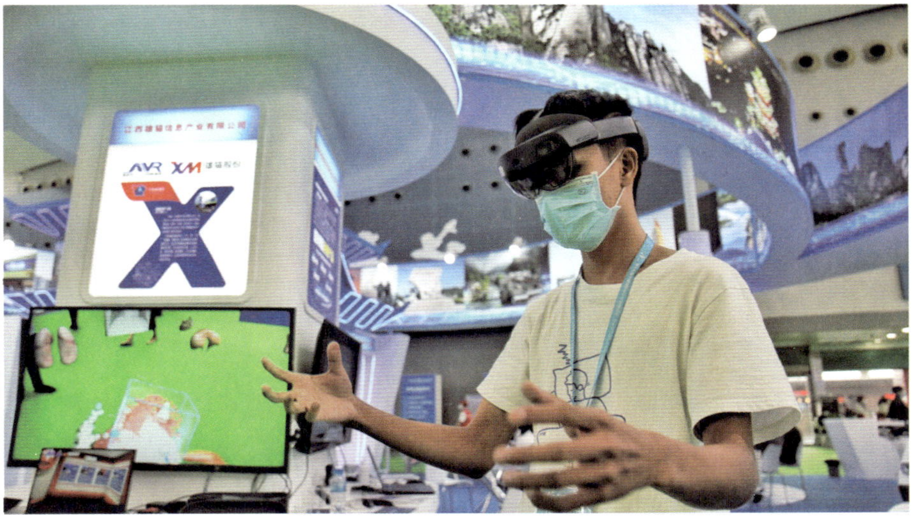

■中博会展馆内，参展观众正在体验 VR（虚拟现实）医外科手术系统（石磊摄）

以工信部培育的4700多家“专精特新”中小企业为例，它们平均拥有50项以上的有效专利，超过六成的企业从事工业基础领域，超过七成的企业深耕细分行业10年以上。

广东中小企业中，进入工信部第二、第三批专精特新“小巨人”企业的合计超400家，数量接近全国的十分之一。中山大学岭南学院经济系教授林江分析认为，“小巨人”企业在广东不断涌现，主要得益于成熟的市场环境与适宜“小巨人”发展的产业生态。

2021年9月，在广州开幕的第十七届中国国际中小企业博览会（以下简称“中博会”），成为“专精特新”中小企业的“大秀场”，参展企业中40%为专精特新“小巨人”企业，80%为专精特新中小企业，为历届最高。

专家提醒，如果其他国家控制了中国的重要产业与关键核心技术，那么国家的经济安全就有了严重的隐患。这样的话，我国自主研发能力将持

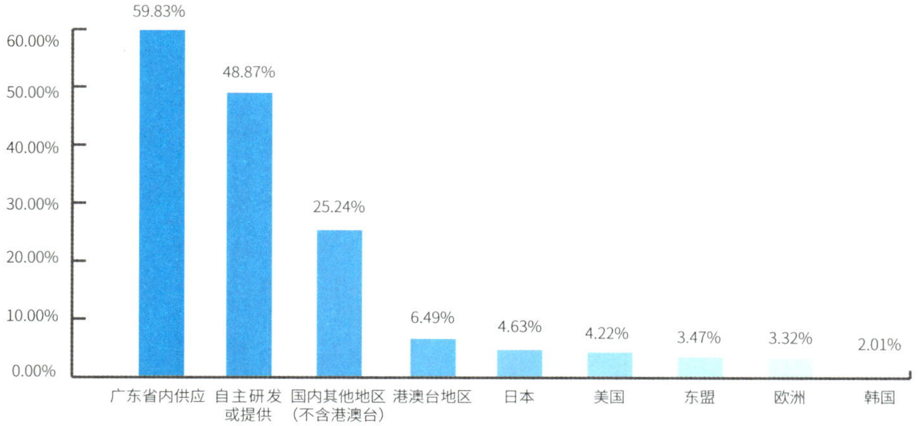

图 4-1　企业的关键技术或核心零部件来源情况

■关键技术或核心零部件的自主可控越来越成为产业链供应链稳定和安全的重要保障。调研显示，广东企业在这方面整体表现较好，但部分企业也存在依赖海外的情况

续下降，产业的更新换代也就无从谈起[1]。疫情之下，包括广东在内的中国制造的国际作用更加凸显，中国成了世界商品的供给中心，这为中小企业在细分领域的迎头赶上乃至弯道超车打开了机遇窗口。

广东是塑料制品的重要生产区域，但是长期以来多种关键设备、零部件依赖进口。以基本的注塑机为例，国产占比虽然达到七成，但是多为效率低的油压注塑机，更加节能提效的全电动注塑机技术被日本和少数欧洲国家垄断，国产的市场占有率很低。数字化生产需要的机器人和五轴联动数控机床等，也以进口为主。

广东拓斯达科技股份有限公司一方面持续10年在四伏控制、四伏驱动和视觉、算法上不断沉淀技术积累，研发的全电动注塑机比油压的节省七成用电，预计2022年投入量产；一方面推出多个服务平台，实现线上工业

[1]　王哲，赵锦辉．政治经济学视角下的中国关键技术创新主体研究［J］．政治经济学季刊，2020，3（3）：62．

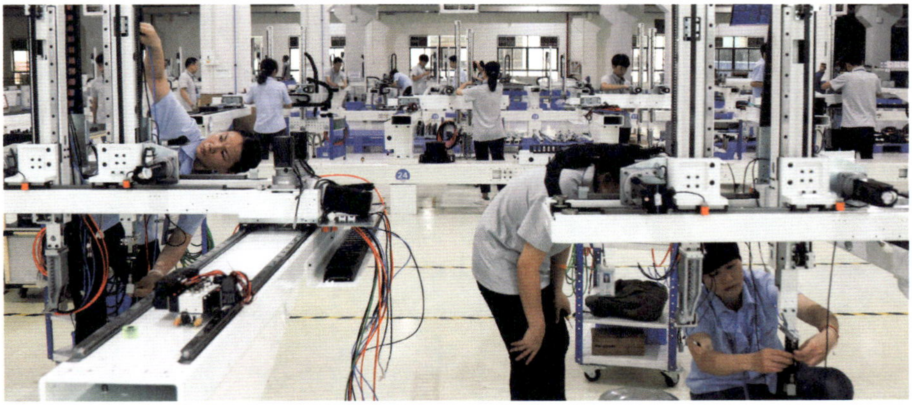

■东莞拓斯达生产车间，技术工人正在组装机械设备（孙俊杰摄）

设备售后并将设备数据反馈到企业内部的供应链，推动产品迭代更新。

2021年，专精特新“小巨人”企业广州仕天材料科技有限公司在沈阳投产了第三个工厂，为宝马汽车的国产化原材料做配套，不仅通过立体生产平台、可移动码头机器人等大大提高了智能化生产水平，还在原材料的领域通过研发创新实现了多个世界第一，研发出全世界最轻的无人机，壁厚0.3毫米，总重20克，相当于4张A4打印纸。

（二）特新之路：产业版图崛起新生代阵容

美国经济学家巴里·诺顿认为，“经济体达到中等收入状态后，实现经济增长就需要一种常见技能的不同组合，包括创新能力、在需要高质量和持续创新的细分市场中竞争的能力。”[1]

这在粤港澳大湾区同样体现明显，中小企业创业创新氛围浓厚。广州高新区、韶关高新区、惠州仲恺高新区、中山火炬开发区、汕尾海丰开发区成为国家创新创业特色载体，全省已建有18个国家级、111个省级小微

[1]　诺顿．中国经济：适应与增长［M］．安佳，译．上海：上海人民出版社，2019：363．

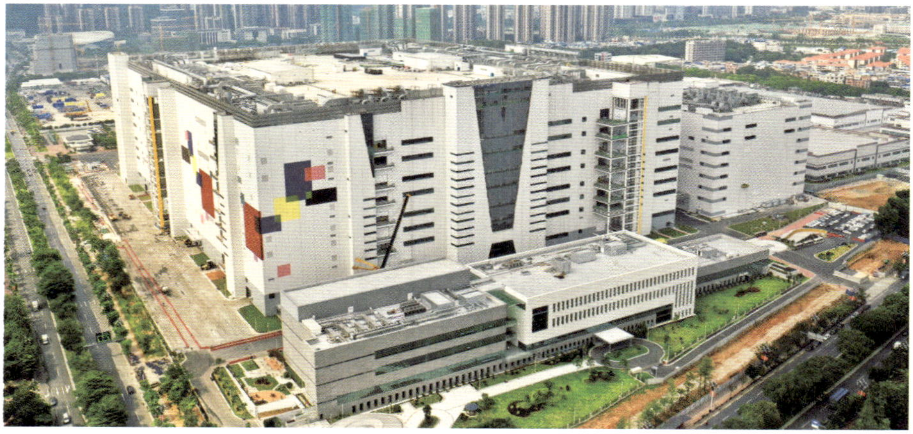

■2019 年 8 月 29 日，粤港澳大湾区协同创新研究院在广州高新区揭牌，旨在更好地服务粤港澳大湾区国际科技创新中心建设（梁文祥摄）

创业创新示范基地，累计培育国家级“小巨人”企业429家，省级“专精特新”中小企业1563家，大中小企业融通发展新格局加快形成。

新兴制造业在地理上的集聚效应很强，因为扎堆生产可以节约原材料和中间投入的运输成本，而且同行聚集在一起有利于知识和技术交流，外溢效应很强[1]。依托电子信息的产业基础，物联网、云计算、大数据，成为广东中小企业实现突破创新的重要赛道。

2021年9月，云宏信息科技股份有限公司为广州市搭建政务信创云平台，成为国内首个基于全栈信创环境建设的大规模电子政务云平台。该公司目前已经成为国产虚拟化的领航者，打破国际垄断研发出自主核心技术的云操作系统。“掌握关键技术，并持续不断地创新，是云宏的立足之本。”云宏信息科技股份有限公司董事长、公司创始人张为杰说，云宏将为推行国产替代、自主可控，建设强大的信创体系贡献力量。

将数字化的新技术用在传统服务上，同样是诞生创新性企业、“专精

[1] 兰小欢．置身事内：中国政府与经济发展［M］．上海：上海人民出版社，2021：133.

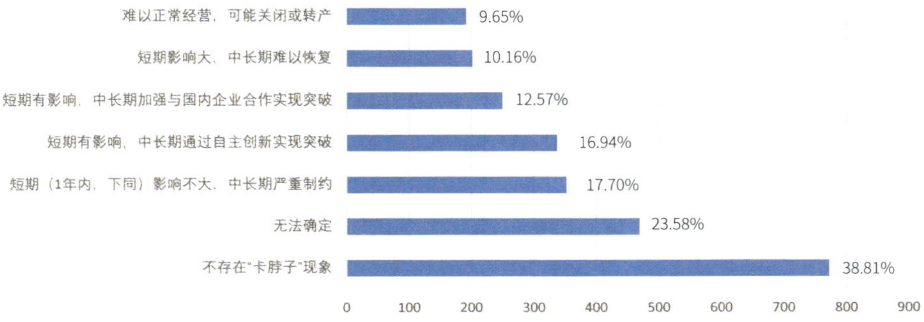

图 4-2　关键零部件、核心技术“卡脖子”现象对企业的影响

■超三分之一的受访企业明确反映存在“卡脖子”现象，其中大部分对中长期实现突破持乐观态度，但也有不少企业对中长期影响表示担忧

特新”企业的重要来源。

洗车，现代城市私人交通必不可少的服务，广东车海洋环保科技有限公司将其做到了极致。在服务3亿多台车次的同时，该公司依托技术创新和协同创新，打造洗车、停车、充电和养车的一站式静态交通服务平台，满足客户利用碎片化时间洗车的需求，实现了服务站点的完全无人值守，并通过云平台服务，实现远程管理、远程监控、远程客服。

从企业发展的路径看，粤港澳大湾区的经济已经进入高质量发展阶段，企业发展所面临的资源、环境、人力、技术、市场等各种国内外环境和条件都发生了深刻变化，科技创新既是发展问题，更是生存问题，中小企业必须从相对低附加值、低技术含量、低质量、弱品牌走向高附加值、高技术含量、高质量、强品牌，实现这一产业升级的路径，“专精特新”发展是必经之路。

危机之下体现得更为明显。可供参考对照的典型案例是2008年全球金融危机期间的欧美，将推动新兴产业发展作为经济政策的重要组成部分，从而为经济的再次增长增添动力。“2008—2009年全球金融危机期间，包括美国在内的许多发达国家，根据形形色色的刺激方法和产业政策动机，选择了一些新兴产业作为政府推广的行业。战略性新兴产业战略使中国工业能与发达市场经济体进行直接竞争，以发展自己的全新工业部门。”[1]

大批的高质量工程师和高学历毕业群体，使得高知识含量的劳动力持续具备成本优势，也为广东中小企业“专精特新”发展实现转型升级奠定了人才基础。

目前，广东技能人才总量达1357万人，其中高技能人才456万人，占比33.6%。作为培养高技能人才的主阵地，广东148所技工院校在校生60.9万人，占全国总量的六分之一，每年输送毕业生超过15万人，毕业生初次就业率保持在98%以上，建成全国最大现代技工教育体系。此外，广东还建成了50个国家级高技能人才培训基地和50个国家级技能大师工作室，数量均居全国首位。

（三）金融赋能：资本市场培育创富新动能

对于中小型企业而言，金融排斥现象长期存在。而资本市场作为金融运行枢纽和直接融资的主渠道，在缓解中小企业融资难、助力中小企业发展等方面承担着义不容辞的责任，发挥着不可替代的作用。

据深圳证券交易所总经理沙雁介绍，在支持企业融资发展方面，深交所现已建成覆盖全产业链的融资服务体系。深交所2009年设立创业板，2020年实施创业板改革，并试点注册制，促进提升市场包容度和覆盖面，支持更多的高新技术企业、成长型创新企业登陆资本市场。

---

[1] 诺顿．中国经济：适应与增长［M］．安佳，译．上海：上海人民出版社，2019：374.

■深圳证券交易所门口的牛市雕塑（鲁力摄）

截至2021年8月底，创业板注册制下的IPO（首次公开募股）企业达186家，融资额1442亿元，再融资达179家，融资额1738亿元；发行各类支持中小企业的创新产品约6800亿元，建立创新创业投融资服务平台，推动1800余个项目获得融资。

2021年4月，深交所主板与中小企业板合并顺利实施，深市形成层次清晰、更有特色的“主板+创业板”市场。

深交所副总经理李辉介绍，深市主板聚焦支持相对成熟的企业融资发展做优做强，发行上市门槛保持不变，创业板主要服务高新技术企业、战略性新兴产业企业和成长型创新创业企业，突出“三创四新”，旨在为处在不同发展阶段、不同类型的企业提供融资服务，以提升资本市场的活力和韧性，促进资本要素完善市场化配置，畅通科技创新和股权融资正向循环。与此同时，持续丰富金融服务、金融产品和金融工具的供给，积极推出创新创业公司债券、疏困专项债券，知识产权证券化、供应链金融、应付帐款证券化产品等创新融资工具，启动科技产业园区等基础设施领域公募REITs（不动产投资信托基金）试点，有效降低中小企业融资或运营成本，切实拓宽中小企业融资渠道。

除了不断完善的融资渠道，第三方平台也为解决中小企业融资困难助力。广州鲁邦通物联网科技有限公司董事长陶洋介绍，鲁邦通物联网征信解决方案为中小工业企业银行融资打造新的锚定物，通过物联网软硬件结合整合工厂设备运行的核心数据，在云端实现用电、用气、用水、排污、人流、车流、设备、原料成品的相关监控，实现企业生产经营状况、企业产能的精准画像，企业生产要素流转的构图，为银行信贷智慧监测和动态征信、企业生产经营看板，以及政府行业产能监测系统实现赋能。

在众多中小型企业中，创新创业企业在日益完善的资本市场中获益尤为突出。注册制改革落地后的创业板进一步拓宽了对创新创业企业的包容度，适应发展更多依靠创新、创造、创意的大趋势，支持传统创业与新技术、新产业、新业态、新模式深度融合。据《金融支撑》，截至2021年8月20日，在1011家创业板企业中，高新技术企业数量达925家，占比超九成，战略性新兴产业企业占比近六成。背靠坚实的资本市场，人财物各种创新要素向创新企业集聚。创业板公司始终坚持高研发投入，深化产学研合作，努力增强企业创新能力及核心竞争力。1011家创业板公司中，研发人员合计超37万人，平均每家公司研发人员超过370人，研发人员占员工总数的比重均值达到19%，其中203家公司研发人员占比超过30%。

有150家上市公司的实际控制人曾就职于高校或科研院所，55家公司具有高校、科研院所股东背景，16家公司由科研院所转制而成，还有82家公司的创始人为“海归”创业。近12年来，创业板公司平均研发强度高于A股（人民币普通股票）平均水平，拥有与主业相关的核心专利技术13万余项，具有较强的科技创新和成果转化能力。迈瑞医疗、楚天科技、阳光电源等公司自主研发的发明专利数量均超千项，强大的研发实力支撑了企业快速发展。

与之相应的是不断优化的有利于创新创业企业发展的资本市场环境。据悉，深交所为促进企业创新发展，以注册制改革为核心不断完善基础制度，优化再融资与并购重组的服务体系，丰富股权激励模式，鼓励持续加大研发投入，强化企业创新主体地位，为增强企业创新能力和产业竞争力提供制度支撑。目前，已有上市公司近2500家，其中高新技术企业占比达到七成；创业板过千家企业中，高新技术企业占比更是超过九成。

（四）生态织网：政企联手优化创业环境

先进技术开发和推广需要提供技术和技能基础的教育和培训系统，界定和实施产权的立法框架，以及诸如能降低交易成本并提高市场透明度和效率的标准化流程[1]。

为支持“专精特新”中小企业发展，广东从省到地市出台了一系列帮扶政策。《2020年度中小企业发展环境评估报告》显示，在36个评估对象中，广州市政策环境评估得分位列第一。

广州市黄埔区聚集中小企业超过4万家，中小企业工业总产值超2500亿元，营业收入超1.25万亿元。全区80%以上的工业企业是中小企业，80%以上的高新技术企业是中小企业，80%以上的发明专利创新成果和新产品来自中小企业。这背后离不开黄埔区在政策制度设计上的强化引领。广州市黄埔区政府党组书记、区长冼银崧介绍，黄埔区着力完善工作的制度体系，省委、省改委批复创建“中小企业能办大事”的先行示范区，市委、深改委专门印发黄埔区建设先行示范区的方案，区委、区政府成立领

[1] 达斯库帕塔．经济政策与技术绩效［M］．徐颖，黄鹏，译．长春：长春出版社，2008：47．

■生物岛（梁文祥摄）

导小组，制定建设方案，22个党政部门出台落实举措，形成省市区联动、多部门协同的中小企业工作格局。

同时，黄埔区着力打造战略发展平台，知识城总体发展规划获国务院批复，以先进制造业快速发展，带动城市化快速推进，建设具有全球影响力的国家知识中心。广州科学城推进科技创新资源汇集和先进制造业集聚，建设世界领先的中国制造中心。黄埔港建设服务“一带一路”的新贸易创新中心，打造广州人工智能和数字经济试验区的重要组团。生物岛建设世界顶尖的生物医药研发中心，着力拓展产业发展空间，加快建设湾区半导体产业园、生物医药价值创新园等五大产业园区，规划建设三大总部经济集聚区、八大商圈。城市更新加速释放近1600万平方米的产业载体空间，推进“专精特新”产业园、知识塔等特色载体建设，以高标准厂房、高等级楼宇承载中小企业的创新发展。

中小企业面临着诸多挑战，发展不稳定、信息不对称和规模不经济，一直是阻碍中小企业发展的三座大山，对此，广东省推出一系列相应的方案措施。据中山大学岭南学院院长陆军介绍，广东省工信厅、广东证监局、上交所以及深交所等单位联合制定公布《支持“专精特新”中小企业挂牌上市融资服务方案》，对“专精特新”中小企业提供业务上市指导和融资服务。广东省地方金融服务局、工信厅等出台《广东省支持中小企业融资的若干政策措施》，覆盖范围广泛，提出包括建立中小企业融资服务的平台，利用区块链、大数据技术解决信息不对称，解决中小企业需要抵押创新的融资方式难题在内的一系列扶持措施。

技术政策的主要问题不是产生新思想，而是确保这些新思想能够被有效利用……长期的增长主要依靠在广泛经济活动中配置技术能力的能力……在技术扩散中获得成功可以归纳为三种因素：投资于人力资本，政策分散化，提供激励[1]。

与此同时，近年来，粤港澳大湾区国际化、法治化、市场化营商环境日益优化，一系列降成本、促创新、育人才的改革政策落地实施，极大激活了市场机制，激发创新活力。

在降低企业成本方面，广东在全国率先修订出台《广东省促进中小企业发展条例》，“实体经济十条（修订版）”“民营经济十条”纷纷落地，“1+21”省市降成本政策体系不断完善。

在支持企业创新方面，近年来，广东支持创新的政策体系和改革举措不断完善，效应持续溢出，为企业和产业发展提供重要保障与支撑。2019年广东省政府发布1号文《关于进一步促进科技创新的若干政策措施》，其中12条政策、60多个政策点涉及区域创新、创新主体、创新要素、创新环

[1] 达斯库帕塔．经济政策与技术绩效［M］．徐颖，黄鹏，译．长春：长春出版社，2008：78.

境四大方面，在全国率先提出一系列具有超前性、突破性的政策措施，如省科技计划项目向港澳开放、建立省财政科研资金跨境使用机制等。

在企业人才培养方面，广东省印发《关于推动“广东技工”工程高质量发展的意见》，将以服务制造业高质量发展、促进更加充分更高质量就业为导向，加快培养大批高素质劳动者和技术技能人才，并提出2022年全省高技能人才要在480万人以上，到2025年在580万人以上，让劳动者凭技能实现更加充分更高质量的就业，持续提高技能人才对经济增长的贡献率。

伍 榜单示范

——基于“智造之光”科创先锋榜的创新特征分析

由广东省人民政府和中国建设银行总行联合推动，广东省科学技术厅、广东省知识产权局、中国建设银行科技金融创新中心、南方报业传媒集团四大权威单位携手主办，广东省工业和信息化厅、华南理工大学全力支持的“2021榜样的力量——‘智造之光’科创先锋榜”旨在以榜为样、以榜促建、以榜聚力，通过评选出综合实力和创新发展能力居前的广东企业，树立先进制造业标杆，鼓励和培育具有竞争力的创新型“智造”企业，从而搭建大湾区科技创新成果和助力科技成果转化的大平台。经过严格的参评条件审核程序，共有5095家企业入围初评，下面将从总体特征、区域特征、产业特征三个视角对这些参评企业进行分析：

（一）总体特征

从区域分布看，本次大赛的参评企业遍布20个地级以上市，来自珠三角的企业占比在70%以上，广州、珠海、惠州、东莞是排名前四的企业来源地区，四地企业分别占20%、17%、15%、11%，过半的参评企业来自这些地区。

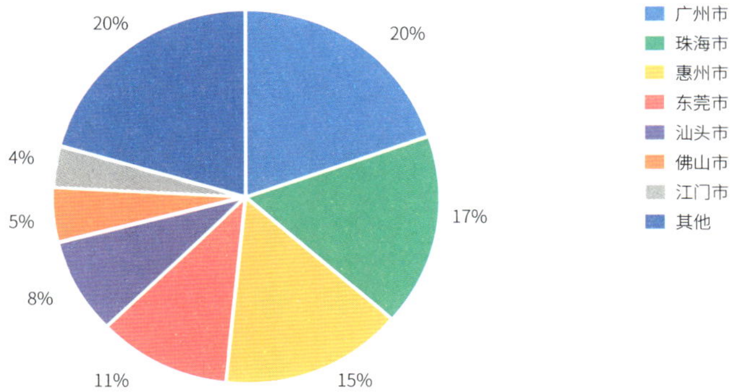

图 5-1 参评企业地域分布

在行业分布上，参评企业涉及13个行业门类，分属计算机、通信和其他电子设备制造业、医药制造业、服务业等60多个子行业。计算机、通信和其他电子设备制造业占比最高，约占13%，其次为通用设备制造业和电气机械和器材制造业，占比分别为10%和8%。其中，通用设备制造业、信息技术服务业、新能源及技术服务等多个战略新兴行业在参评企业中也占据了一定的比例。

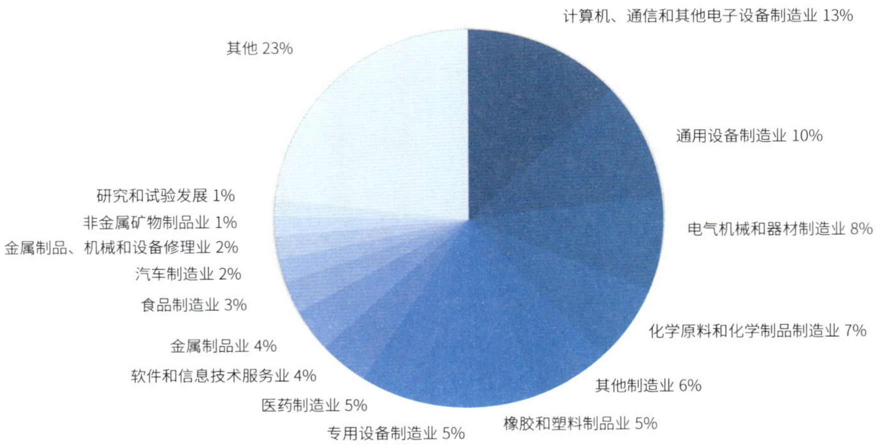

图 5-2 参评企业行业分布

（二）区域特征

1. 创新投入特征

以企业设立研发机构的平均数量为横轴，平均研发费用投入强度为纵轴，构建各区域创新投入矩阵，以此描述各区域的创新投入情况。如图5-3所示，在第一象限的广州市、珠海市、清远市，说明他们同时拥有较多的研发机构和较大的研发投入，基本达到充足的创新投入。在第二象限的中山市有较高的研发投入强度，但仍须继续努力建设更多的研发机构。企业研发机构不仅仅是一个企业自主创新核心竞争力的源泉，同时也是企业推动行业进步，让整个产业持续发展的重要平台，对协同创新具有“搭台”“外扩”“里应”的作用。在第四象限的阳江、茂名、湛江等城市已拥有较多的研发机构，今后应加大研发资金的投入。绝大多数企业都处在第三象限，研发强度和研发机构都存有不足。由此得出，广东地区，特别是珠三角地区，应在研发的资金投入和基础设施投入上加大力度，推动区域创新能力走向新台阶。

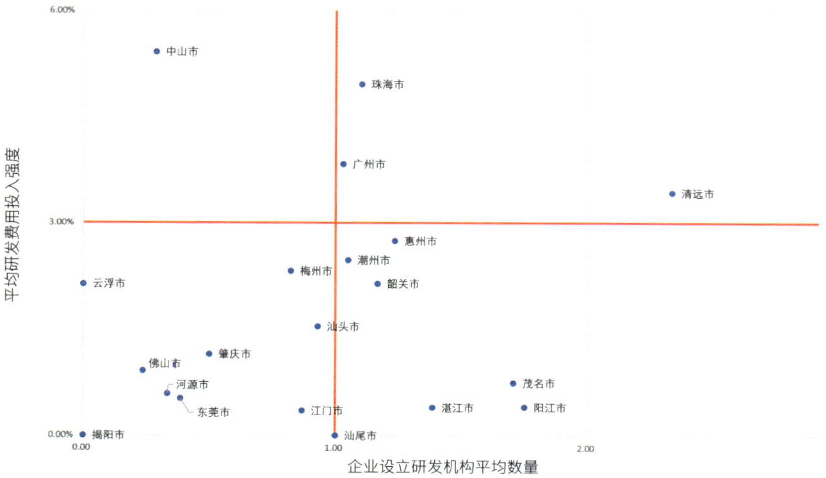

图5-3　参评企业区域创新投入矩阵

2. 创新产出特征

在创新产出方面，主要关注近三年专利产品收入和近三年专利产品占企业销售收入比重。如图5-4所示，专利发明方面，表现较好的是中山市、东莞市和惠州市，尤其是中山市的专利产品占企业销售收入比重平均在80%以上，虽然因为企业数量较少、规模较小的原因，总的专利产品收入不高。超过半数企业创新产出超过60%，说明广东省的企业总体上创新产出情况尚可，汕尾、湛江、肇庆、河源等城市创新转化程度有待提高。

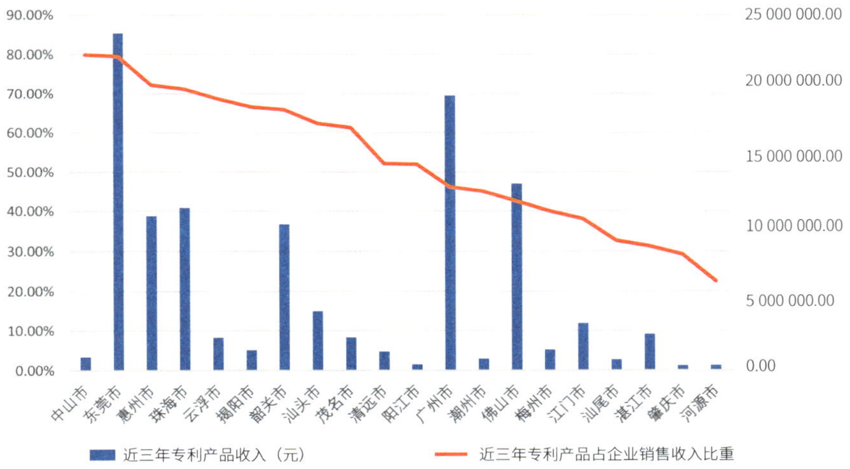

图 5-4 参评企业区域创新产出情况

3. 数字智能化特征

我们在这里采用企业应用智能化技术的制造核心业务数量和企业制造核心业务数量来反映企业核心业务智能化程度和企业制造智能化程度，用企业应用智能化技术的资源管理项目数量和企业所有资源管理项目数量来反映企业资源管理项目智能化程度和企业制造智能化程度。可以看出，潮州、东莞、揭阳、清远等城市数字智能化程度较高，而梅州、湛江、汕头、河源、中山等城市数字智能化程度偏低。

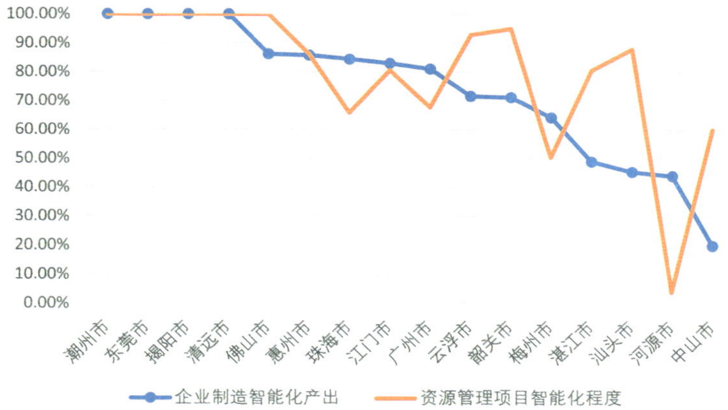

图5-5 参评企业区域数字智能化情况

4. 区域智能制造投入特征

在新一代信息技术驱动的“智能+”时代浪潮下，不同城市智能制造投入情况显示出不同特征。从各个城市企业平均信息技术设备投入总额和技改投资金额来反映产业的智能制造投入，其中清远市的企业近三年信息技术设备投入总额和技改投资平均金额最高，平均信息技术设备投入最大。紧随其后的是阳江市，该市企业新增技改投资平均额位列第二，用于信息技术设备的投入却为0。在剔除不可用数据后发现，揭阳市企业用于智能制造的投入皆为0，亟待提升整体智能制造技术设备投入水平和新增技改投资水平。除揭阳市外，河源市、江门市在平均信息技术设备上投入最少，需要提高智能制造投入重视程度。

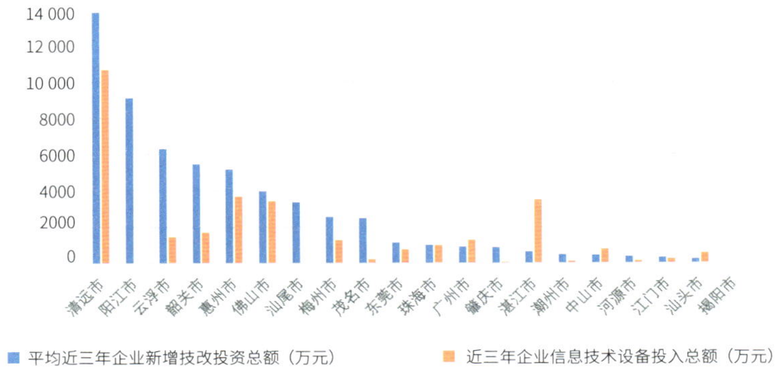

图 5-6 参评企业智能制造投入情况

5. 产业R&D经费投入情况

2018—2020年企业平均R&D经费支出额显示，清远市企业平均R&D经费支出额远远领先于其他城市企业，而茂名市近年来R&D经费支出额不断增加，在创新发展研究上呈现出加速发展的态势。珠海市、潮州市等在R&D经费投入的力度保持不变甚至减少，表明这些产业对经费研发方面的重视程度没有增加。江门市、揭阳市在R&D经费支出相对其他产业的发展处于落后水平，须重视科技研发与自主创新方面的投入。

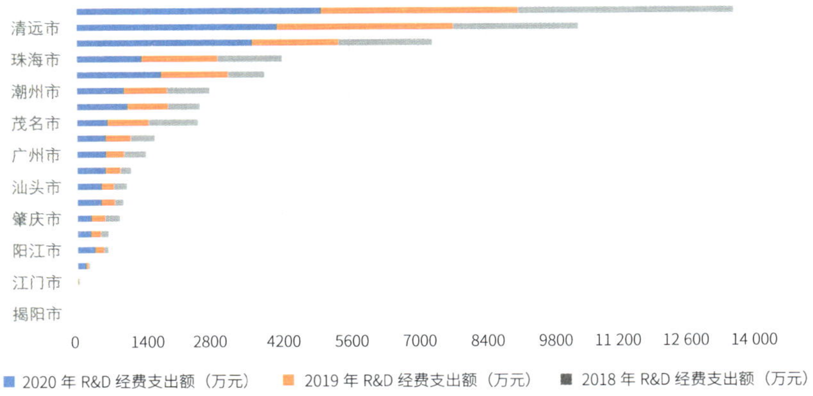

图 5-7 R&D 经费投入情况

（三）产业特征

1. 产业总体特征

以国家发展改革委发布的《战略性新兴产业重点产品和服务指导目录（2018年）》为标准，大赛根据参评企业的主营业务、特色产品和服务进行产业划分，在5095家参评企业中，新一代信息技术产业占比32.70%，高端设备产业占比20.26%，传统产业和新材料产业占比分别为14.81%和10.66%。

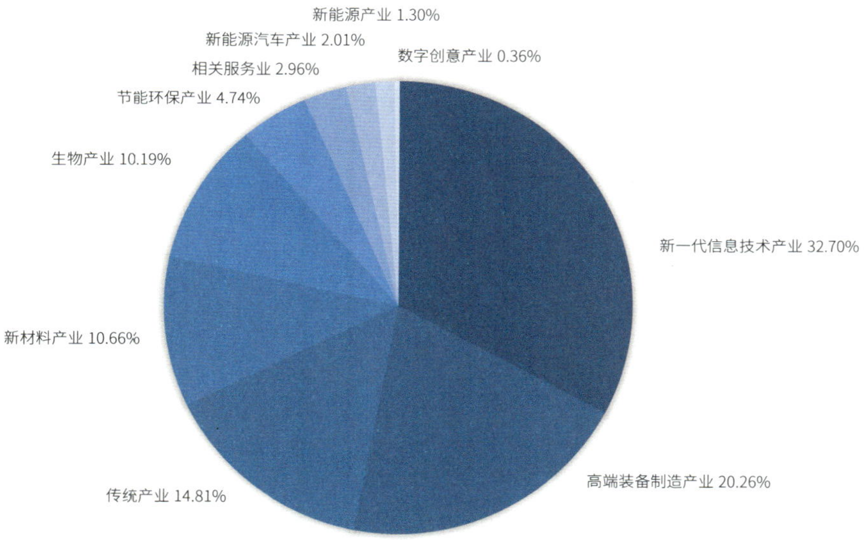

图 5-8　参评企业产业分布

2. 产业智能制造投入情况

在新一代信息技术驱动的“智能+”时代浪潮下，不同产业智能制造投入情况显示出不同特征。以产业信息技术设备投入总额和技改投资金额来反映产业的智能制造投入。其中，新一代信息技术产业平均信息技术设备投入最大，且新增技改投资总额位列第二；紧随其后的是节能环保产业，该产业的信息技术设备投入位列第二，新增技改投资总额排名较前；数字创意产业近年来对智能制造投入加大，新增技改投资总额最多；生物产业和新能源产业平均信息技术设备投入最少，亟待提升整体智能制造技术设备投入水平和新增技改投资水平。

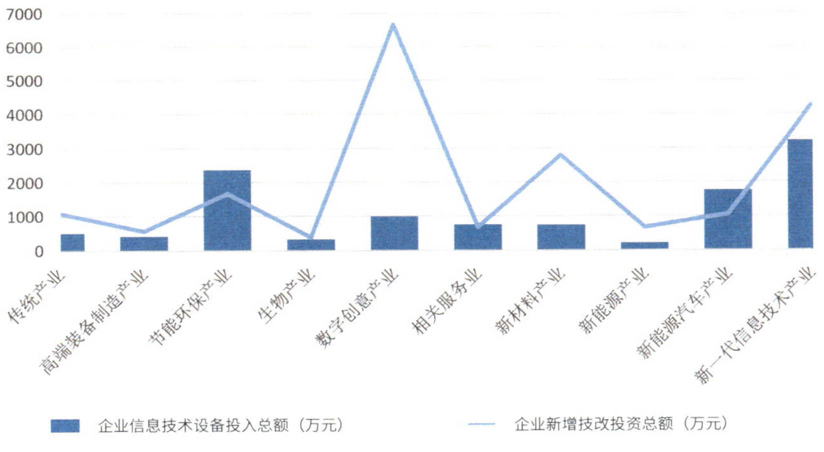

图 5-9　产业智能制造投入情况

3. 产业业务智能化程度

根据企业应用智能化技术的制造核心业务数量占企业制造核心业务数量比重衡量参评企业的业务智能化程度。从图5-10可以看出，新能源汽车产业智能化程度最高，其业务智能化程度高达93.75%，表明智能制造业务已成为公司关键核心业务。其次是新一代信息技术产业、传统产业和生物产业，都维持在65%左右的水平，其业务智能化程度相对较高。节能环保产业与相关服务业的业务智能化程度相对落后，分别为43.81%和38.26%。新能源产业、高端装备制造产业的业务智能化程度较低，新材料产业的业务智能化水平远落后于其他产业。

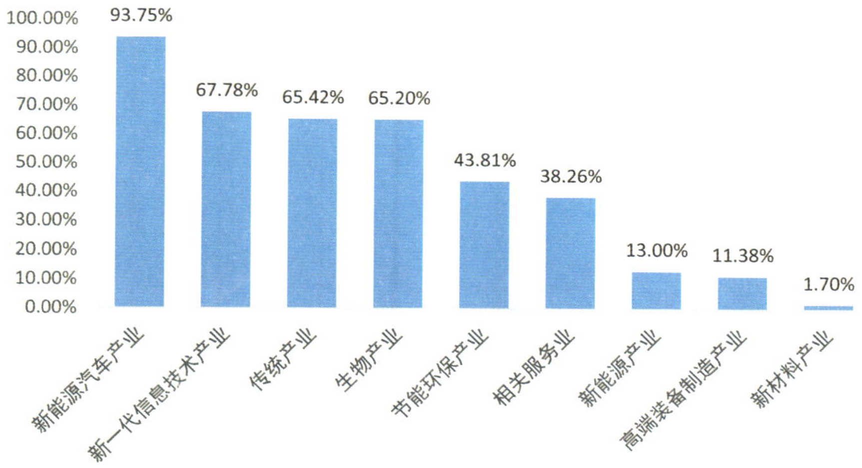

图 5-10　产业业务智能化程度

4. 产业资源管理项目智能化程度

根据企业应用智能化技术的资源管理项目数量占企业所有资源管理项目数量的比重衡量参评企业的产业资源管理项目智能化程度。从图5-11可以看出，节能环保产业的资源管理项目智能化程度最高，其资源管理项目智能化程度达98.48%。新能源汽车产业、高端装备制造产业、新材料产业紧随其后，资源管理项目智能化程度普遍较高，均在90%以上。传统产业、生物产业、相关服务业和新一代信息技术产业的资源管理项目智能化程度也较高，其资源管理项目智能化程度介于80%—90%。而数字创意产业与新能源产业的资源管理项目智能化程度相对落后，分别为53.33%和61.54%，其资源管理项目智能化程度有待加强。

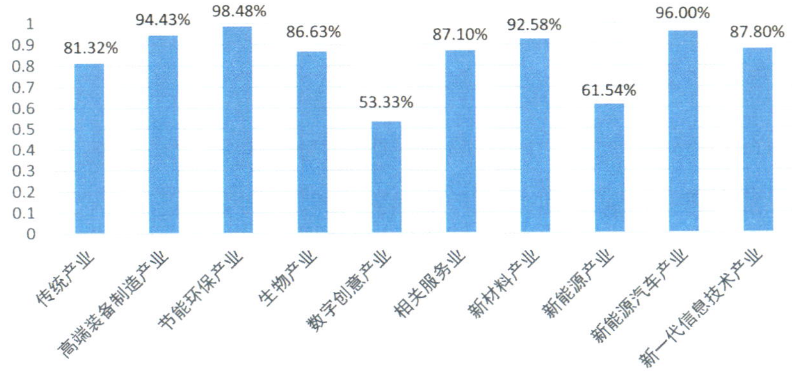

图5-11　产业资源管理项目智能化程度

5. 产业R&D经费投入情况

2018—2020年产业平均R&D经费支出额显示，新一代信息技术产业R&D经费支出额远远领先于其他产业，在创新发展研究上呈现出加速发展的态势。传统产业、新材料产业和新能源产业等在R&D经费投入的力度逐年增加，在2020年表现尤为突出，表明这些产业对研发经费方面的重视程度稳步提升。数字创意产业在R&D经费支出相对其他产业的发展处于落后水平，须重视科技研发与自主创新方面的投入。

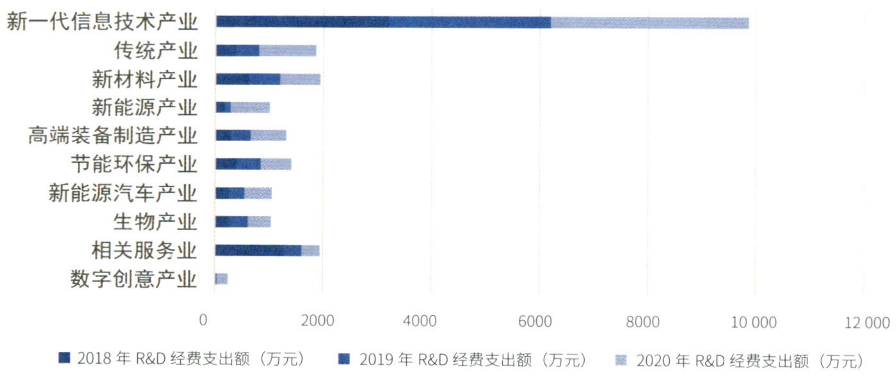

图 5-12　产业 R&D 经费投入情况

陆 数字赋能

在数字化时代，电子信息产业的发展越来越成为现代经济体系的“根系”，引起广泛重视。缺少先进电子基础设施的广泛普及，任何国家都无法取得成功。反之，认识到这一变化趋势的组织机构和国家会掌握领先优势，更易于在如此疯狂、瞬息万变的商业和地缘政治环境中取得成功。[1]

广东是制造大省，制造业是推动数字经济与实体经济深度融合的主战场。广东制造业数字化转型怎么走好走实，关系全国制造业的高质量发展。

调研团队走访广州、深圳、佛山、东莞等重点城市，深度聚焦龙头企业示范引领、双跨平台支撑赋能、中小企业转型突破以及政策“组合拳”生态构建四个维度，探索制造业数字化转型的广东路径。

调研发现，在已经开展数字化转型的受访企业中，接近45%的企业已经开始数字化转型，但其中有一半处于“尝试应用”阶段，这意味着大部分企业正处于起步或初级阶段。但即使如此，数字化转型也已经让很多企业尝到甜头：接近六成的企业反映经营效率提高，只有不到3%的企业反映存在负面影响。专家分析认为，粤港澳大湾区的产业数字化转型正在进入全面加速阶段。

（一）引领示范：龙头标杆企业数字化战略新探索

广东省工信厅的数据显示，龙头标杆企业的示范引领效果初步取得成效。截至2021年10月，全省累计培育300多个“灯塔式”标杆示范项目，

[1] 泰普斯科特. 数据时代的经济学：对网络智能时代机遇和风险的再思考[M]. 毕崇毅，译. 北京：机械工业出版社，2016：28.

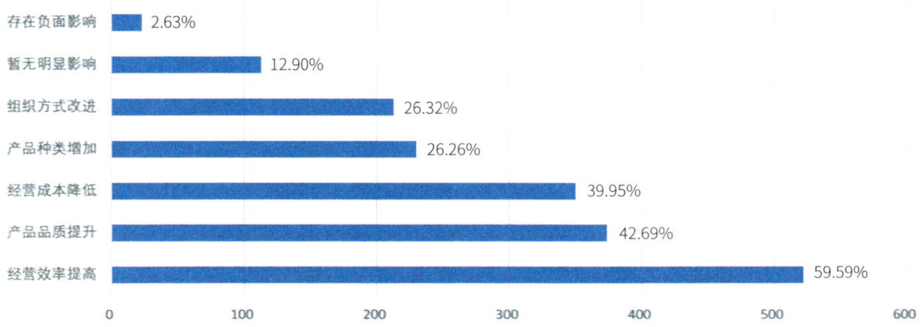

图 6-1　当前数字化转型对企业已产生的影响

■效率和品质提升、成本降低、种类增加等，成为受访企业从数字化转型中感受最大的好处，“降本增效”的转型效果正在显现

其中100多个项目入选各类国家级标杆示范。

调研发现，龙头企业数字化战略正探索从自身数字革新输出数字化转型服务能力，进而带动产业链上下游甚至产业集群数字协同发展。

一方面，龙头企业自身在家电等领域的制造规模位居全国乃至全球前列，带来巨大的数字化转型需求，也让产业数字化的成本大幅摊薄；另一方面，数字化转型需求外延至整个产业链，龙头企业赋能上下游，支撑全球渠道销售、售后、用户运营等数字化服务，带动产业集群共同发展。

以美的集团为例，2012年正式启动数字化转型，数字化转型无法一蹴而就，美的仅仅重构数字化转型基础，统一流程、IT（信息技术）系统、数据标准，就花了三年时间。随后，从2015年的智能制造驱动企业效率提升，到C2M（用户直连制造）客户定制，再到全面数字化智能化。如今，美的数字化转型已经步入第五阶段——全面数字驱动。

“最终每一家企业都会变成数据企业，对数据价值的挖掘将决定企业竞争力的持久性。”[1]在美的，数据价值不断彰显：订单交付周期缩短

[1]　许正．工业互联网：互联网＋时代的产业转型［M］．北京：机械工业出版社，2015：162.

■美的顺德微波炉工厂，入选 2021 年世界“灯塔工厂”（梁钜聪摄）

56%，渠道库存下降40%，产品品质指标提升15%……这是2021年入选世界“灯塔工厂”的美的顺德微波炉工厂在数字化和智能化赋能产业链后呈现的一系列数据。

2016年，美云智数成立，美的将数字化经验整合成系统化模块化的解决方案，正式对外输出。目前，美云智数已在汽车制造、电子、食品、能源等40多个细分行业广泛应用，累计服务300多家行业领先企业，汇聚6万多家中小企业。

美的集团董事长兼总裁方洪波认为，数字经济的发展使各要素之间紧密互通，产业生态的质量将决定整体竞争力。数字化质量管理模式不仅可以提升企业自身质量，同时还能打通产业上下游，帮助中小企业提升质量管理模式，协同发展赋能全行业转型升级。

TCL的数字化路径探索，则通过数字化“中枢大脑”串起产业集群，实现全价值链的数字化智能化。

调研发现，TCL通过数字化转型实现了业务与技术及企业文化的大融合，通过数字化将企业内部系统拉通，上下游用户拉通，促成生态产业集成，从而达成产业互联，实现全价值链的数字化。

以TCL华星为例，其自主开发建成了BI（行为识别）内部管理系统。作为企业的“中枢大脑”，BI系统每天要处理百G级别的生产数据，并通过对数据进行汇总、分析和管理，将生产、良率、库存、品质、销售等方面的信息准确并集中可视化地呈现在“战情室”的24块屏幕上。

数据收集—知识形成—智慧行动，成为TCL华星决策形成的重要路径。得益于该体系的驱动，TCL华星取得了丰硕的实践成果，创造直接效益超5亿元，人均产出较以往提升了15%，品质异常率下降了80%，产品交货周期缩短10%。

与美的类似，2018年格创东智从TCL独立出来，实现了数字化的对外输出，服务半导体晶圆制造、集成电路、显示及材料、新能源、3C电子等高端制造业。

一方面，背靠TCL强大的制造基因，格创东智拥有长期的实践经验和成熟的解决方案，能够持续打造“爆款”；另一方面，工业互联网针对先进制造业的效率提升将带来巨大的经济价值，实现数据价值变现。

作为家居定制龙头企业，欧派集团的数字化探索更加直面消费端的柔性生产。如何满足不同用户群体的个性化定制需求？调研发现，欧派集团探索的是从源头供应到产品定制、从研发设计到生产销售的全流程数字化。

通过强化数字供应链管理，欧派集团建立了在线设计、统一计划、多地生产的协同生产体系。75%的定制家居订单可以在线自动拆单、生成工艺流程和下达数控指令。2020年公司逆市实现营业收入同比增长8.91%，净利润同比增长12.13%。欧派集团打通从用户定制到车间生产的全流程，打造完全数字化的柔性生产线。

调研发现，格力、美的、TCL等制造业龙头企业在自身数字化转型以及带动产业链上下游的具体模式上各有不同，但共同点在于：利用超大规模制造带来的海量需求，形成对产业链的辐射带动作用。通过升级供货标准、打通数据信息链等方式，让上下游企业进行数字化转型提升效率的同时，也增强产业链的整体韧性和竞争力，进一步打造具有全球影响力的世界级先进产业集群。

（二）平台链接：工业互联跨行业、跨领域的“双跨”能力

在数字化时代，制造实力依旧重要，但已经不是唯一。事实上，当前产业发展的制造水平就既包含传统的制造生产能力，也包含数据要素联通、融合的能力。在这方面，日本电子产业的得失值得深思。

“20世纪70年代是日本电子产业高速成长的时期，这一时期日本电子产业强化了支撑‘信息产业’的‘工业’部分……当日本向信息产业时代迈进时，又有人开始强调工业的重要性，主张‘产品制造才是经济的基础’。梅棹忠夫将这一主张称为‘工本主义’……可以断定工本主义下的工业保护政策不会为工业带来活力。”[1]

正是因为过于沉溺产品制造而没有重视数字化技术对制造本身的根本性影响，加上全球电子信息产业结构变化等原因，日本电子产业虽然在关键零部件和原材料等方面依旧有着显著优势，但在电子消费品等领域却逐渐被其他国家所赶超。

那么，对于粤港澳大湾区来说，制造业数字化转型，如何将不同行业不同领域的企业连接起来？调研发现，跨行业、跨领域的工业互联网平台（以下简称“双跨平台”）的支撑赋能作用至关重要。

[1] 西村吉雄. 日本电子产业兴衰录［M］. 侯秀娟，译. 北京：人民邮电出版社，2016：187.

2021年，工业和信息化部发布15家国家级双跨平台，广东作为首批国家级工业互联网示范区，共有4家平台成功入选，入选数量保持全国第一，分别是：华为（FusionPlant工业互联网平台）、富士康（Fii Cloud工业互联网平台）、树根互联（根云工业互联网平台）、腾讯（WeMake工业互联网平台）。其中，华为、富士康、树根互联是首批国家级双跨平台，腾讯为首次入选。

这四家企业入选国家级双跨平台，意味着广东制造业数字化转型发展迈入新阶段。

华为FusionPlant工业互联网平台服务企业用户10万多家，连接设备超过240万台（套），工业应用软件数量超过2000个，以电子信息制造为重点，并涵盖化工、钢铁、汽车、装备等多个行业，打造了德普特电子、拓斯达等工业互联网应用标杆。

在东莞松山湖德普特工业园，电子产品屏幕模组龙头企业德普特是当地最早“上云”的，创下了“全球每14台手机屏幕模组里就有一台是德普特造”的纪录。在德普特数据驱动的智能工厂，产品直通良率提升5%，生产效率提升10%。

■华为云工业互联网创新中心（梁矩聪摄）

“广东制造业数字化转型企业面临三大难题：不会转，转型能力不够；不能转，转型成本偏高；不敢转，转型阵痛期比较长。”华为技术有限公司高级副总裁张顺茂给出的建议是，共建工业互联网公共服务平台，为工业数字化转型持续赋能。

富士康从“代工巨头”迈向“工业互联网巨头”，依托30年的制造经验，推出集设计、制造、销售以及全产业链解决方案于一体的平台。目前，富士康工业互联已服务企业用户近1400家，连接工业设备超过15万台（套），工业应用软件数量超过400个，涵盖电子信息、轻工、装备、建材等多个行业。

工业富联董事长李军旗举例说，2019年公司研发推出了“一站式”精密刀具磨削App。这个App相当于工程师新的“手”和“脑”，可以快速制定策略。新品研发的时间、人力成本分别节约50%、70%。2020年新冠疫情发生以来，该App为30家刀具企业新增了3亿元的订单。

脱胎于三一重工的树根互联，连接工业设备超过72万台（套），工业应用软件数量超过5000个。其自主研发的“根云”平台，可以串联个性定制、柔性生产、透明交付等多个环节。

在树根互联联合创始人、CEO（首席执行官）贺东东看来，工业互联网让设备的运行效率不断提高，生命周期管理更加精准化。双跨平台更好地“解读”数据，让各类设备间能“通话”。“双跨平台具有订阅模式、物联接入、知识复用等属性，可为中小企业提供低成本、低门槛、高效率、高可靠的数字化转型服务；同时，通过产业集群平台化，推动中小企业形成合力。”

最新入选的腾讯WeMake工业互联网平台，核心竞争力在于利用和挖掘大量消费互联网数据。截至2021年10月，腾讯WeMake已服务企业用

■树根互联的数字孪生技术，助力制造企业数字化转型（石磊摄）

户30万家，连接设备231万台（套），工业应用软件数量6300个，重点面向泛家居、电子信息、化工、装备、纺织服装等行业。

调研发现，上述4家双跨平台的数字化赋能路径各不相同，错位发展：华为以电子信息产业为重心，通过“5G+AI”技术赋能相关产业集群；富士康工业互联以刀具产业为重心，聚焦全产业链的解决方案；树根互联支撑中小企业数字化转型“一步到位”；腾讯依托丰富的消费产品线，输出互联网服务能力。

事实上，互联网从进入产业的那一刻起就在扮演联通产业链各环节、促进产业链之间要素流动、刺激创新的角色。“互联网促进了合作和分工……在研究开发方面，产学联合、开源活动、开放式创新等成为具有时代意义的关键词。”[1]

当前，广东以及粤港澳大湾区制造业数字化转型已经全面推进，双跨平台如何进一步发挥全面赋能作用？

[1] 西村吉雄. 日本电子产业兴衰录［M］. 侯秀娟，译. 北京：人民邮电出版社，2016：73.

张顺茂建议，共建工业互联网公共服务平台，为工业数字化转型持续赋能。具体怎么做？华为提出打造一平台和三大中心。张顺茂进一步解释，一平台就是工业互联网服务平台，这个平台需要具备三大能力：行业 Know-how（技术诀窍）的沉淀复制能力、技术方案的验证能力以及持续的运营能力，承载这三种能力的载体为三大中心。

李军旗则认为，广东在数字化转型探索方面有集成优势，香港的金融、深圳的科技、佛山和广州的高端制造，这些区域优势凝聚起来就能实现制造业的智能革命。“一定要创造良好的生态，把技术、人才、金融、政策等数字化转型的各要素融合发展，大湾区制造才能占据全球价值链的制高点。”

（三）星火燎原：破解中小企业“不敢转”“不想转”“不会转”

调研组完成的问卷调研报告显示，广东仍有大量中小企业尚未开展数字化转型。问卷调查结果显示，55.96%的企业对数字化转型尚未涉足，

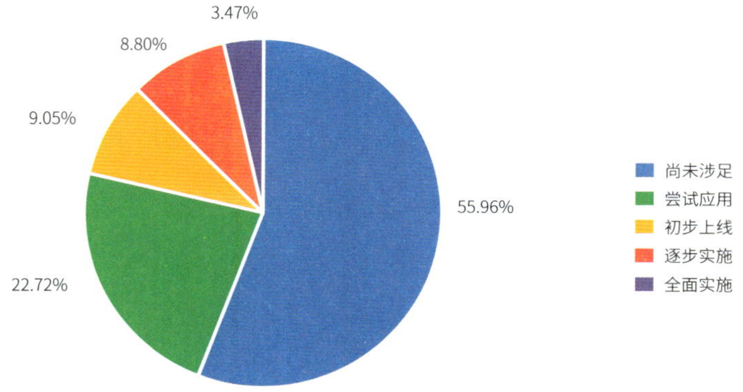

图 6-2　企业建立数字化战略转型分析

■在开启数字化转型的受访企业中，超五分之一处于“尝试应用”阶段，近十分之一的企业已经“初步上线”，粤港澳大湾区产业数字化仍有巨大潜力

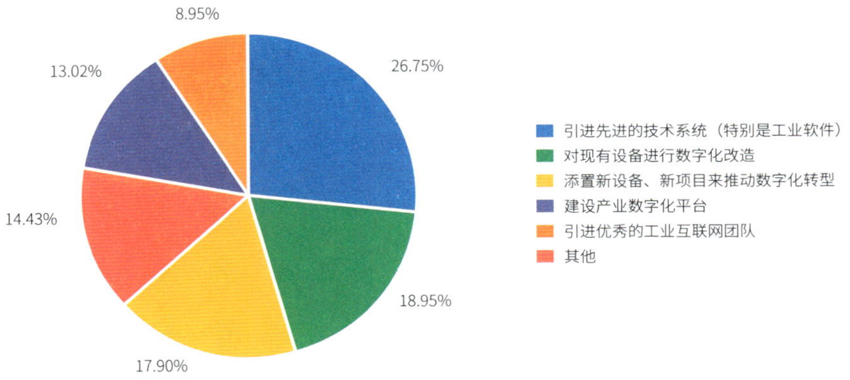

图 6-3 数字化转型的核心方向与重点分析

■引进先进的技术系统成为受访企业数字化的首选，建平台和引进专业团队的成本较高，往往需要转型企业具有较大的企业规模和明确的转型诉求

22.72％的企业尝试应用。一些率先实施数字化转型的企业还没有将有传感器的产品与生产设备联通到供应链、产业链上的其他企业。

调研发现，业内人士普遍认为，要破解中小企业面临的“不敢转”“不想转”“不会转”难题，首先要解决的是思想观念的改变。只有思想观念上认识到数字化的必要性和重要性，才能将数字化作为企业发展生死攸关的关键课题。也只有通过人的观念和技能的迭代，才能真正实现数字化转型。对此，有人发出这样的疑问：“中国制造业的就业人口过亿，他们受教育水平的高低决定着制造业发展的速度和水平——智能机器人、物联网、云计算、工业大数据不断涌入各个工厂，不懂操作，如何实现人机和谐共处？”[1]

调研发现，要回答这一问题，实现转型，并非简单的政策宣讲就能解决，而是要让中小企业亲眼看到数字化带来的效率和效益提升。在揭阳，聚鲶工业科技打造的数字化中央工厂，正在让中小企业看到实实在在的

[1] 夏妍娜，赵胜．工业 4.0：正在发生的未来［M］．北京：机械工业出版社，2015：1.

■聚鲶工业的中央工厂，无人车穿梭自如（龙达洋摄）

效益。

聚鲶工业以OEM（原始设备制造商）代工厂为发展模式，之后衍生出设备服务、无人车间、云工厂专家共享服务和技术人才培训等业务。主要的商业模式是政府以优惠价格提供空置厂房，聚鲶工业搭建中央工厂，建立工业化数字化新基建，小微企业设备入驻托管，大中企业云加盟，最终服务品牌商。

聚鲶工业CEO陈文奇提出将德国工业4.0应用在注塑行业。聚鲶工业成为全球第一个注塑日用品供应链实体平台。一栋厂房，25名技术人才，产值8000万元，通过标准化工艺，将产品做到极致降本，生产效率提升15%—40%。“我们不仅追求塑料制品高质量发展的增量，更意识到盘活存量的重要性，把整个产业链重新串联起来。”陈文奇说。

不过，调研发现，如何引用外部技术、资金和智慧，对中小企业的数字化格外重要。

“软硬一体化将是未来制造业发展的大势所趋，越来越多的自动化软件会采用新技术，与信息化系统进行深度集成。一家企业乃至一个行业的未来，将越来越不可能仅仅取决于企业或行业本身，对未来起决定性作用的或许正是工业软件系统。”[1]

在广州市花都区狮岭皮具专业镇，中小企业通过使用软件公司的专业技术和服务进行数字化转型，从而推动效率革命。

狮岭镇是全球最大的箱包生产基地，被称为中国皮具之都。狮岭镇130多平方公里集中了8000多家箱包厂家，1万多家档口。

广州盖特软件有限公司，专注为箱包行业领域提供软件系统服务，主要客户为狮岭当地的中小微企业。

截止到2021年中，狮岭规上企业中有28%使用云盖特软件公司的系统；到目前物料突破11万种，管理3万多名在职员工的工资系统等。协同制造系统由软件公司专用的ERP（企业资源计划）系统、生产MAX系统和收料eSCM（基于电子商务的供应链管理）系统三方组成。凭借品牌商、生产商、物料供应商三方的高效协同系统，打通上下游，提高生产透明度，优化产品成本，提高竞争力。

在佛山小家电产业集群，则是软硬结合推动家电产业智能化转型，其中软件服务商发挥了重要作用。

广东精工智能系统有限公司专注于智能工厂整体解决方案，为传统企业智能制造转型升级提供服务，服务美的、格力、海尔等龙头企业以及生产链上的中小企业。

乐普达电机有限公司就是在精工智能协助下推进数字化转型的企业之一。由于数字化带来的效益提升，2021年该公司销售额达到了6亿—7亿元。乐普达电机总经理助理廖欣透露，2022年8—9月，将投资2亿元建成

[1] 夏妍娜，赵胜．工业 4.0：正在发生的未来［M］．北京：机械工业出版社，2015：168.

一个全新的自动化产业基地，对工厂基建、系统、产品线等进行全方位升级改造，打造智能化车间，建立从研发端到仓储的中央总控室，前端供应商实时互联数据共享，智能化物流的智慧园区。

调研发现，无论是聚鲶工业打造的中央工厂，还是狮岭皮具在软件上不断“添砖加瓦”实现数字化突破，其关键都是将数字化的需求实现规模化、节约化，最大化提升数字化投入的产出效益。

这样的变化正在广东越来越多的中小企业集聚地发生，并在三个层面不断拓展：从少数企业向多数企业，从产业单个环节向上下游环节，从生产制造向产品研发乃至人才培养。

这样的趋势，即使在疫情下也没有停止。乐普达电机全力筹建全新的自动化产业基地，云盖特软件正在着手打造涵盖从设计到交货的“包料人”箱包产业链协同制造平台……这些软硬平台的搭建，让中小企业也能享受数字化带来的质量提升和效益增长，形成产业升级的正向循环。

在破解中小企业“不敢转”“不想转”“不会转”之后，还要解决数据“不共享”的问题，做好中小企业数据安全与数据流通的平衡。

有中小企业担心在数据流通和共享中，商业机密被泄露或失去数据控制权。对此红杉资本全球执行合伙人沈南鹏认为，以科技和市场化的“数字普惠”思维破题非常关键。隐私计算等技术可以做到数据的“可用不可见”，让中小企业更安心参与数据的流通共享。当前多个省市正在建设数据交易所，培育数据要素市场。

（四）生态构建：打出制造业数字化转型政策“组合拳”

推动制造业向数字化、网络化、智能化发展，是一项长期系统工程，需要政府、企业、平台等多方合力。新一轮行动中，广东坚持政策可持续和全省“一盘棋”，加强统筹协调，打出制造业数字化转型政策“组合拳”，全力推动制造业加速向数字化、网络化、智能化发展。

一是制造业数字化相关政策持续更新迭代。

早在2018年3月，广东在全国率先出台《广东省深化“互联网＋先进制造业”发展工业互联网实施方案及配套政策措施》，三年多来推动制造业数字化转型取得初步成效，成为全国首批两个工业互联网国家示范区之一。

“十四五”开局，广东将制造业转型升级的探索路径和突破方向精准聚焦在“数字化”上。2021年6月30日，省政府印发实施《广东省制造业数字化转型实施方案及若干政策措施》，系统谋划“十四五”期间广东制造业数字化转型工作，提出到2025年，显著提升战略性支柱产业集群和战略性新兴产业集群数字化水平，形成广东省工业互联网国家示范区引领示范效应；力争推动超过5万家规模以上工业企业运用新一代信息技术实施数字化转型，带动100万家企业“上云用云”降本提质增效，以数字化引领制造业质量变革、效率变革、动力变革。

2021年9月，广东正式实施《广东省数字经济促进条例》，这是国家公布数字经济及其核心产业统计分类以来的首部促进数字经济发展的地方性法规，将实践中行之有效的政策措施上升为法规制度。

二是省、市、县（市、区）联动更加紧密，各地加快因地制宜制定差异化政策措施。

广州、深圳、佛山、东莞等地重点打造制造业数字化转型示范城市，统筹现有各类专项政策，并进一步加大政策支持力度，创新资金使用和项目管理方式，充分发挥财政政策引导和资金扶持作用，形成政策合力。

——广州“剑指”具有国际影响力的“定制之都”和全球数产融合标

杆城市，计划到2025年推动5000家规上工业企业实施数字化转型、带动20万家企业上云用云；

——深圳计划开展包括网络升级、平台赋能、数据提质在内的十大行动，到2023年打造成为粤港澳大湾区制造业数字化转型引擎；

——佛山出台“百亿数字化改造政策”，成立总规模300亿元的制造业转型发展基金，未来10年力争投资超过100个重点项目，为转型提供支撑；

——东莞依托万亿级电子信息产业集群等优势，率先打造全国制造业城市数字化转型样板。

三是广东“一链一策”推动重点行业产业链、供应链加快数字化升级。

有研究认为，传统企业的企业家们，最为关注的是财务绩效，或者投资收益率，使得工业互联网技术在短期内为企业产生直接可量化的效益，是他们采用这种新技术的主要动力，也是让更多人接受工业互联网的必须实施的关键步骤[1]。

广东省政协经济委员会主任王珺指出，企业“不敢转”是因为企业需要投入大量成本进行设备和人才更新，担心转型成本巨大；“不想转”是指企业维持现状即可创造收益，缺少数字化转型的动力和需求；“不会转”即企业了解数字化转型的必要性，但没有专业指导，缺少数字化转型的能力。

为解决转型“痛点”、高效支持企业，广东首创“省制造业数字化转型产业生态供给资源池”，引进培育了439家优秀制造业数字化转型服务商，重点培育了华为、富士康、树根互联、腾讯等4家国家级双跨平台，

[1] 许正．工业互联网：互联网＋时代的产业转型［M］．北京：机械工业出版社，2015：109.

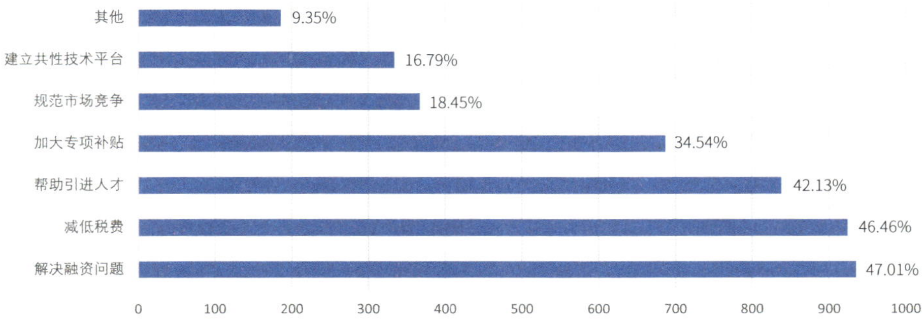

图 6-4　数字化转型最需要政府政策支持的方面

■资金问题始终是转型的最大“拦路虎”，受访企业反映，一方面要解决“融资难”，一方面要降税费来减成本。此外，政府在引进人才上的作用，也被很多企业所看重

数量全国第一。

同时，广东还开展广州花都狮岭箱包皮具、东莞松山湖电子信息、佛山顺德小家电、揭阳揭东塑料日用品、汕头注塑玩具等一批产业集聚区数字化转型试点，累计推动1.7万家规模以上工业企业“上云上平台”数字化转型，带动55万家企业“上云用云”降本提质增效。

四是重点加强信息基础设施建设，为制造业发展提供更强大的公共支撑。

既是制造业大省，又是电子信息强省，广东制造业数字化转型有着先天优势。广东省工业和信息化厅数据显示，2020年广东省规模以上工业增加值3.31万亿元，数字经济规模、5G基站数、4K电视产量等多项指标位居全国第一。

接下来，粤港澳大湾区的信息基础设施建设将继续加速。

《广东省制造业数字化转型实施方案及若干政策措施》明确提出完善数字化基础设施，要加快建设覆盖全省的高质量外部公共网络，支持工业企业运用新型网络技术和先进适用的技术升级改造企业内网，建设工业互联网园区网络。

与此同时，广东将继续深化“5G+工业互联网”的融合发展，推动5G赋能战略性产业集群，加快典型应用场景推广，试点建设5G工业传输专网。推进工业互联网标识解析体系建设，加速标识规模应用推广。推进建设国家工业互联网大数据中心广东分中心，实现对重点区域、重点行业的数据采集、汇聚和应用，加强工业大数据分级分类管理。

“通过省市区联动形成政策合力，让政策更接地气，充分发挥区域优势，走差异化的制造业数字化转型路径。”广东省工业和信息化厅厅长涂高坤表示，要推动制造业由集聚化发展向集群化发展跃升，促进广东制造迈向广东智造。

从制造到“智造”，全省加快推进数字化转型进程。地区生产总值超11万亿元的广东，迎来制造业高质量发展新机遇。

柒 绿色变革

2021年10月31日至11月12日，《联合国气候变化框架公约》第二十六次缔约方大会在英国格拉斯哥举行。11月1日，国家主席习近平向联合国气候变化大会世界领导人峰会发表书面致辞。习近平指出，当前，气候变化不利影响日益显现，全球行动紧迫性持续上升。如何应对气候变化、推动世界经济复苏，是我们面临的时代课题。

有专家感叹，地球气候的变化如此迅速……人类已经走到了1万年以来相对稳定的气候的终点，这意味着我们现在处于一个更不稳定、快速变化的时期的边缘[1]。

11月10日，中国和美国在联合国气候变化格拉斯哥大会期间发布《中美关于在21世纪20年代强化气候行动的格拉斯哥联合宣言》，双方计划投身于扩大各自和共同的努力，以加快向全球净零经济转型。

此前，中国发布了《关于完整准确全面贯彻新发展理念做好碳达峰碳中和工作的意见》和《2030年前碳达峰行动方案》，还将陆续发布能源、工业、建筑、交通等重点领域和煤炭、电力、钢铁、水泥等重点行业的实施方案，出台科技、碳汇、财税、金融等保障措施，形成碳达峰、碳中和“1+N”政策体系，明确时间表、路线图、施工图。

携手应对气候变化挑战，合力保护人类共同的地球家园，是当前世界各国的共识。我国力争2030年前实现碳达峰，2060年前实现碳中和，展现的正是大国担当。

实现碳达峰、碳中和是一场广泛而深刻的经济社会系统性变革。是压

[1] 克里斯蒂安，布朗，本杰明．大历史：虚无与万物之间［M］．刘耀辉，译．北京：北京联合出版公司，2016：417.

力也是机遇，作为全国经济大省，广东需要坚定不移地走生态优先、绿色低碳的高质量发展道路，为扎实推进“十四五”应对气候变化各项任务，如期实现2030年前碳达峰、2060年前碳中和的既定目标作出更多广东贡献。

（一）零碳未来：碳达峰、碳中和是压力也是机遇

18世纪，瓦特改良蒸汽机，推动工业革命全面爆发。此后的200多年间，人类尽享工业化带来的经济繁荣。但与此同时，随着煤炭、石化能源的大量消耗和人类活动，碳排放大量增长带来的温室效应让地球的气候和生态系统变得日益脆弱：全球变暖、海平面上升、极端天气频现。

有专家疾呼：西方城市工业社会试图解决污染问题，但如果不改变以增长为导向的生活方式，那么人与自然之间的隔阂就会继续扩大。“经济增长狂热症”是一条最终通向自我毁灭的不归路[1]。

地球的“宜居”属性正在被改变，这促使全球各国坐到了一张会议桌上。

2015年12月12日，巴黎气候变化大会主席、时任法国外交部部长的法比尤斯敲下绿色小槌，近200个缔约方达成《巴黎协定》，承诺把全球平均气温升幅控制在工业化前水平以上低于2摄氏度之内。

五年后，作为负责任的大国，中国向世界宣布力争2030年前实现碳达峰、2060年前实现碳中和。其中，“碳达峰”是指某个地区或行业年度二氧化碳排放量由增转降的历史拐点，而“碳中和”是指某个地区在一定时间内人为活动直接和间接排放的二氧化碳，与其通过植树造林等吸收的二

[1] 施图茨，沃夫．世界经济：地理、商业、发展［M］．彭志文，译．上海：上海人民出版社，2020：171．

氧化碳相互抵消，实现“净零排放”。

“‘双碳’目标是我国基于推动构建人类命运共同体的责任担当和实现可持续发展的内在要求而作出的重大战略决策，展示了我国为应对全球气候变化作出的新努力和新贡献。”国务院发展研究中心资源与环境政策研究所所长高世楫表示。

然而，现有能源结构决定我国走向“双碳”的路“道阻且长”，BP集团首席经济学家戴思攀直言：“中国对煤炭的依赖仍然高于世界平均水平，要在2060年达到碳中和，需要减少对煤炭的依赖。”

为此，中国正制订碳达峰行动计划，广泛深入开展碳达峰行动，支持有条件的地方和重点行业、重点企业率先达峰，严控煤电项目，“十四五”时期严控煤炭消费增长、“十五五”时期逐步减少。

碳排放广泛存在于能源、工业、交通和社会经济生活的方方面面。要实现“双碳”目标，意味着发展模式要向低能耗、低排放、低污染转型。

“社会经济的发展路径，要从注重当前经济发展转向更加注重长期整个系统的可持续调整，并特别注重将碳排放作为新的发展尺度。”中山大学大气科学学院教授袁文平表示，实现“双碳”目标，需要大力完善配套措施，配套一揽子的经济刺激方案，“要开辟绿色经济发展模式，大量地投资到新能源、新材料、新电力、新交通、新建筑行业，通过这种方案去刺激经济转型”。

这对正在转型发展的中国来说，任务格外艰巨。

2021年3月，全球能源互联网发展合作组织发布的《中国2030年前碳达峰研究报告》显示，2030年前，预计中国能源需求年均增长2%，加上高耗能产业占比较高、高碳能源资产累积规模总量大等因素，“既要控排放，又要稳增长，给碳达峰带来巨大挑战”。

但从另一面看，也意味着这场转型中蕴藏了巨大的投资机遇和以新能源为代表的新一轮技术变革的历史机遇。

如今的世界，海上风电、光伏、氢能、储能、新能源汽车等任何一个新能源领域的技术突破，都将创造新增长点和新需求。“新一轮的产业变革、科技革命正在成为新的时代驱动力。”普华永道亚太及中国主席赵柏基表示。

更重要的是，碳排放权即发展权，新能源正在成为未来世界竞争的重要标准。

当前，新能源已成为全球政治经济的“角力场”，平安银行能源及绿色金融事业部总裁朱育强认为，在全球新能源竞争中“领跑”的经济体将傲然立于世界民族之林。

中国社科院可持续发展研究中心副主任陈迎认为，从全国来看，广东在电子信息、新能源汽车等领域都处于靠前位置。粤港澳大湾区的经

■ 2021 年 10 月 20 日上午，深圳第一条氢能公交示范线路在龙岗启航，这款氢能公交车续航仅需加氢 20 分钟，就能续航 650 公里（朱洪波摄）

■粤电阳江沙扒海上风电项目 47 台风机安装圆满收官（石磊摄）

济发展水平比较高，碳达峰、碳中和的机遇大于挑战，深圳正在建设的国际低碳城等，都是在不断摸索、积累绿色转型的发展经验。她建议，在落实“双碳”目标中，广东应该给自己制定高标准，坚定不移地推动产业转型升级，发挥其在绿色技术、绿色金融等方面的优势，让产业实现绿色化并向着中高端发展。

（二）能源革命：能源是主战场，电力是主力军

碳中和目标描绘了人类与自然共生的美好图景，也意味着人类从自然获取和利用能源的方式，未来30年内要发生革命性转变。

比尔·盖茨认为，化石燃料有巨大的实用优势：它们储量丰富，价格不算昂贵，用途灵活多样，而且能量非常高。然而，恰恰是这个庞大的系统给重大的变革提出了挑战。尽管形势紧迫，但颠覆这样一个系统并转向新的能源，将需要多年的努力[1]。

实现碳达峰、碳中和，能源是主战场，电力是主力军。数据显示，2020年我国能源消费产生的二氧化碳排放占总排放量的88％左右，而电力

[1] 蒙哥马利．全球能源大趋势［M］．宋阳，姜文波，译．北京：机械工业出版社，2012：41.

行业占能源行业二氧化碳排放总量的42.5%左右，可见，电力作为我国碳排放占比最大的单一行业，减排效果对实现“双碳”目标至关重要。

我国可再生能源尤其是风、光等新能源发展潜力巨大。

在前往宁夏调研时发现，这里以沙漠景致著称，同时也意味着，具备天然优越的风、光资源禀赋。如果乘坐飞机抵达中卫沙坡头机场，飞机落地前，从舷窗望出去，可以清晰地看到，机场四周布满了大片大片的光伏发电板，蔚为壮观。

再从中卫开车前往石嘴山，3小时的路程，车窗外218省道两侧，一路都是大风车。不知不觉间，地域广阔、资源禀赋优越的大西北地区，已经遍布新能源基地。

据统计，近年来我国陆上风电、光伏发电装机规模均位列世界第一，海上风电居世界第二。新能源将成为新增电源的主体，并在电源结构中占主导地位。以南方电网为例，未来10年，将新增新能源装机2亿千瓦，占比提高22个百分点。2030年，南方电网非化石能源装机占比将提升至65%，发电量占比将提升至61%。

“新能源发电装机点多面广、‘靠天吃饭’，协调多点、多样、多变的电源与系统安全稳定、可靠供电的矛盾难度加大，系统响应速度要求更快，运行方式安排、运行调度控制更加困难，智能运行调度更加重要。”南网能源院党委书记、董事长吴宝英说。

基于此，通过深化电力体制改革，构建一个以新能源为主体的新型电力系统便十分紧迫。

广东“十四五”规划纲要也提出，到2025年，一次能源消费中，煤炭占比下降到31%，天然气、可再生能源及核能占比分别达到14%、22%和7%。

■广东电网能源发展有限公司的高空作业人员进行跨越西江段的间隔棒安装（陈海东摄）

“构建以新能源为主体的新型电力系统是一场硬仗，面临的挑战很多，需要重点攻克的关键技术也很多。”南方电网公司首席技术专家，南网科研院党委书记、董事长饶宏表示，这些关键技术主要包括大规模新能源高效消纳技术、远距离大容量直流输电技术、数字技术与先进电力电子技术融合的大电网柔性互联技术、交直流配电网与智能微网技术等。

对于能源供给侧，清洁能源替代以及清洁能源输送和储存是走向碳中和之路的关键。对于能源需求侧，则通过提高能源利用效率和生产经营过程的低碳化实现减碳。其中，生产经营低碳化包括生产原料代替、电气化改造及生产经营技术的改造。

2021年3月8日，经过南方电网广东佛山顺德供电局员工的调试，佛山市顺德明洋纺织印染有限公司新装的2500千伏安变压器顺利接火通电，实现“燃煤自备厂电改网电”，预计每年替代发电量4800万千瓦时，相当于每年节约标煤19 200吨，减排二氧化碳47 856吨。

3月22日，在东莞松山湖园区，南方电网广东东莞南区供电局工作人员准备对新能源汽车充电基础设施开展“安全体检”，确保民众在清明、五一假期低碳出行畅通无阻。截至2020年12月底，松山湖园区内已累计有95个充电桩投入使用，全年已完成充电1.16万次，充电电量20.33万千瓦时，节约燃油12.2万升，减少机动车污染物排放202.74吨，形成了松山湖园区“10分钟”充电圈小生态。

东莞松山湖园区是珠三角地区充电网络的一个缩影。全省电动汽车充电桩分布图显示，珠三角地区约集中了广东省内95%的充电桩。在碳达峰、碳中和目标引领下，广东将以综合能源服务为着力点，积极推动电能替代等能源消费新方式，预计2021年全年实现替代电量不低于167亿千瓦时。

根据规划，到2025年，全省有望建成充电站约4500座、公共充电桩约25万个。

在能源科技领域，广东正在全面布局推进：建设中国南方核科学与技术创新中心，形成深圳总部和阳江、惠州两个重要核科研设施集群区的空间格局。加强新兴技术先行引导和市场培育，探索开展近海深水区海上风电柔直送出、漂浮式海上风电、海洋波浪能、氢能、储能等创新示范。大力发展先进核能、海上风电等优势产业，加快培育氢能、储能、智慧能源等新兴产业，打造沿海新能源产业带和省内差异布局的产业集聚区。

（三）低碳发展：打造绿色低碳循环发展经济体系

2021年2月发布的《国务院关于加快建立健全绿色低碳循环发展经济体系的指导意见》提出，到2025年，绿色低碳循环发展的生产体系、流通体系、消费体系初步形成。强调要立足新发展阶段，贯彻新发展理念，构建新发展格局，坚持系统观念，处理好发展和减排、整体和局部、短期和中长期的关系。

“处理好这三个关系是实现碳达峰、碳中和的重点也是难点所在。”中国社科院可持续发展研究中心副主任陈迎认为，注重全局性、长期性和协调性是《国务院关于加快建立健全绿色低碳循环发展经济体系的指导意见》的突出特点，强调完整准确地全面贯彻新发展理念，就是把实现“双碳”目标提到空前的战略高度，以新发展理念指导“双碳”工作，就是强调避免在推进落实过程中出现偏差走样。

其中一个关键就在于，不能将减碳希望完全寄托于低碳技术在短期内的突然飞跃，而是更应该聚焦于现有低碳技术的应用推广上。需要建立覆盖整个社会的市场和基础设施，改变个人的选择和习惯，其中只有一小部分可以由科学家来完成[1]。

事实上，研究表明，如果要利用直接空气捕捉技术解决气候问题，每年至少需要投入5.1万亿美元，约占世界经济总量的6%[2]。

调研发现，从肇庆陶瓷产业的绿色转型，到新能源汽车的蓬勃发展，再到碳交易的蓬勃发展，绿色正在成为广东经济和创新发展的底色。

广东作为地区生产总值大步迈向12万亿元的全国第一经济大省，产业规模全国领先，在“双碳”目标下面临严峻的绿色转型压力。

走进广州增城区新塘镇，曾经洗漂印染企业集中的工业园已经变成环境优美的高新技术科创小镇。“以前做牛仔服装的厂排出的气味很难闻，水也污染了，现在经过整治环境好多了。”住在附近的李阿伯深有感触。

从旧产业到新产业的蝶变，得益于“三线一单”的实施。“三线一单”

---

[1] 蒙哥马利. 全球能源大趋势［M］. 宋阳，姜文波，译. 北京：机械工业出版社，2012：268.

[2] 盖茨. 气候经济与人类未来［M］. 陈召强，译. 北京：中信出版社，2021：65.

是指生态保护红线、环境质量底线、资源利用上线以及生态环境准入清单。

增城区将“三线一单”作为污染产业淘汰、提升改造的依据，对洗漂印染企业制定淘汰落后、提升改造、转型升级等方案。两年时间，累计淘汰含漂染、洗水、印染等工序的洗漂印染企业103家，对保留下来规模较大的8家洗漂印染企业进行技术升级改造。同时，淘汰“散乱污”企业近2万家，空气质量显著改善。

绿色转型在降低已有产业碳排放的同时，也为新产业、新技术的发展带来“绿色契机”。

2021年9月，财政部、工业和信息化部、科技部、国家发展改革委、国家能源局正式批复燃料电池汽车示范应用广东城市群为首批示范城市群。

在燃料电池汽车产业发展实践中，广东省出台一系列政策措施，部分创新举措在国内多个地区推广：在全国率先破解加氢站建设难题，在加氢站行政审批流程、加氢站管理办法、燃料电池汽车示范推广机制等方面探索出“佛山模式”，在全国率先开展加油加氢一体站、制氢加氢一体站等新的加氢站建设经营模式试点。目前，全省建成加氢站39座，在建10座，数量居全国首位。

绿色发展还有望与数字经济形成相互促进的发展态势。

以能源为例，水电、风电等绿色低碳能源的一大特点是由于自然环境的变化带来的电力波动或间歇，难以满足现代经济对稳定电力的需求。

北京大学能源研究院副院长杨雷认为，随着高比例可再生能源并网，需要更大的系统灵活性，这个灵活性不仅来自电源，更多来自源—网—荷—储的整个系统，必须有数字化作为支撑。

绿色转型，需要长期、持续、大量的要素投入，如何借助市场机制引导资金、资源、人才等不断向绿色汇聚，也就成为建立绿色低碳循环发展经济体系的关键一环。

2021年7月，广东试点碳市场顺利完成第八个履约期，245家控排企业实现100%履约。

随着全国碳排放权交易所正式启动，广东开始向错位发展探索，目前正在探索粤港澳大湾区碳交易市场。

绿色转型推动的创新发展，不仅体现在生产端、供给侧，同样体现在消费端、需求侧。

进入广州白天鹅宾馆，这座2012年改造、2015年复业的绿色建筑内，内光线充足，温度适宜，能耗已经实现大幅降低。

“空调是建筑能耗最大的项目，因此首先对空调系统作改造。”广州市设计院集团顾问总工程师屈国伦介绍，改造中采用高效冷水机组、高效变频水泵，并优化水管网，精细化设计、施工、运营。

广州白天鹅宾馆（梁钜聪摄）

当前，公共建筑的空调能耗约占建筑能耗的40%—50%，“但很多公共建筑中央空调能效很低，仅有3.0左右，按照目前的技术标准，可以通过改造提升到6.0左右，这样就可以节约50%左右的能耗。”屈国伦表示。数据显示，“十三五”时期，二星级及以上绿色建筑评价标识项目就达1391个，面积1.15亿平方米。

节能不仅意味着践行节约美德，更相当于提升能源效率，增加能源供给。“要想提高能源性能，提高效率是最划算、最可靠、最普遍的选择，这适用于能源供应链的每一个环节——能源的开采、能源向热或电转化、能源的运输、终端消费以及环境影响的消除。”[1]

“建设绿色低碳循环发展经济体系，意味着要寻找更合适的可持续发展模式，既要切合我们的实际，也要依靠技术创新、结构调整发展新兴产业。”中国宏观经济研究院能源研究所所长王仲颖表示，广东应争取在经济发展和能源增长的依赖关系上实现突破，在全国率先建成绿色低碳循环发展经济体系。

（四）金融支撑：畅通碳交易，充分发挥金融作用

“双碳”目标的实现需要巨大资金投入，必须充分发挥金融体系的支撑作用。多方预测表明，中国在实现“双碳”目标的过程中，将产生数以百万亿级的投资需求。例如，中国气候变化事务特使解振华认为，碳中和在未来几十年将带来138万亿元的低碳投资需求。如此庞大的资金需求，仅靠政府资金显然不现实，需要来自银行、保险、基金、信托、融资租赁等市场资金的充分参与，同时发挥金融市场的资源配置作用。

事实上，这已经纳入国家宏观调控的视野。2021年11月8日晚间，人

[1] 蒙哥马利．全球能源大趋势［M］．宋阳，姜文波，译．北京：机械工业出版社，2012：262．

民银行官宣创设推出碳减排支持工具这一结构性货币政策工具，以稳步有序、精准直达的方式，支持清洁能源、节能环保、碳减排技术等重点领域的发展，并撬动更多社会资金促进碳减排。

为确保碳减排支持工具精准支持具有显著碳减排效应的领域，人民银行会同相关部门，按照国内多种标准交集、与国际标准接轨的原则，以减少碳排放为导向，重点支持清洁能源、节能环保和碳减排技术三个碳减排领域。

专家认为，短期来看，碳价的价值在于通过化石燃料的成本，向市场表明那些排放温室气体的产品是有额外成本的。至于碳价收益的用途，并不及碳价本身所传递的市场信号重要[1]。

我国在绿色金融领域的布局也在加快，粤港澳大湾区正在成为全国发展绿色金融的重要区域。

2021年11月，工业和信息化部、人民银行、银保监会、证监会联合发布《关于加强产融合作推动工业绿色发展的指导意见》，提出鼓励金融机构开发气候友好型金融产品，支持广州期货交易所建设碳期货市场，规范发展碳金融服务。

在此之前广州发布的《关于促进期货市场高质量发展打造风险管理中心的工作方案》也提出，依托湾区资源优势和产业优势紧扣服务绿色发展、粤港澳大湾区建设等主题研发产品。

广东省社会科学院港澳台研究中心主任任志宏认为，广州要推动金融回归服务实体经济和差异化发展轨道，形成多层次、广覆盖、有差异的金融体系，形成包括科技金融、绿色金融等在内的服务体系。

更多国家级政策布局，也让粤港澳大湾区在绿色金融上获得更多

[1] 盖茨．气候经济与人类未来［M］．陈召强，译．北京：中信出版社，2021：264．

2021 年 4 月 19 日，广东省委书记李希、中国证监会主席易会满共同为广州期货交易所揭牌（王辉摄）

机遇。

《全面深化前海深港现代服务业合作区改革开放方案》提出，深化粤港澳绿色金融合作，探索建立统一的绿色金融标准，为内地企业利用港澳市场进行绿色项目融资提供服务。

这无疑将为粤港澳大湾区更多产业的绿色转型提供支撑。调研显示，实体企业希望以更便利的条件、更优质的服务和更优惠的价格获取更丰富的绿色金融产品。不少企业已经意识到，广东经济外向程度高，更早向低碳转型的外贸企业将在未来发展中更为主动。如果外贸企业仍然以高碳方式生产，在将碳排放的成本纳入考虑后，可能将不再有竞争力。

调研发现，充分发挥碳排放权交易市场等机制的调节作用、提高金融机构自身能力建设，将有助于更好地发挥金融体系对绿色低碳转型的支撑作用。

目前，全国碳排放权交易市场仍是为企业履约进行配额调剂的现货市场，从政策设计的角度，暂不具备金融属性。且由于目前碳市场只纳入实体企业，比如电力企业，导致碳市场交易有很强的“潮汐性”，交易不够活跃。兴业银行首席经济学家鲁政委认为，未来应通过让更多行业企业加入碳市场、提高交易配额相对于排放总量的比例、推出衍生品市场等，进一步发挥碳市场的调节作用，

截止到2021年7月底，广东试点碳市场顺利完成第八个履约期，累计成交量较首个履约期增长61倍，广州碳排放权交易所2019年现货交易量超越欧洲能源交易所，2020年现货交易量超越韩国交易所，中国核证自愿减排量累计成交6301.14万吨，排名全国第二。

10年试点，如白驹过隙。2011年广东开展碳排放权交易地方试点，2013年正式启动碳排放权交易，将钢铁、石化、电力、水泥、航空、造纸等六大行业250家左右的控排企业纳入碳市场范围，覆盖全省约70%的能源碳排放量。

碳市场也取得实实在在的效益。2020年7月，广东碳排放交易所公布全省碳排放额竞价情况，其中南方航空股份有限公司自有的83万吨碳排放额全部拍卖售出，总价超2000万元，卖给6家控排企业和5家投资机构，拍卖额之大一度受到关注。据介绍，这些都是近几年，通过建立节能机制、应用新技术等实现减排后节省下来的碳排放额。

同时，广东还在全国首度试点配额免费和有偿发放相结合制度。广东印发《广东省2020年度碳排放配额分配实施方案》，明确2020年度配额总量为4.65亿吨，其中，控排企业配额4.38亿吨，储备配额0.27亿吨，储备配额包括新建项目企业有偿配额和市场调节配额。

这一制度激活了广东碳排放交易市场和企业减排动力。碳市场运行以来，超80%的控排企业实施节能减碳技术改造，电力、水泥、钢铁、造纸、民航行业单位产品碳排放量分别下降11.8%、7.1%、12.7%、15.9%、

5.4%。经测算，与没有碳市场时期相比，广东实施碳交易政策使控排行业二氧化碳减排速度提升约10%。

另外，广东也先后推出配额抵押融资、配额回购融资、配额远期交易、配额托管等多个碳金融产品，还研发碳期权等碳金融衍生产品，并支持和鼓励银行、保险公司、基金公司等发展碳金融服务业务等。截至2021年7月20日，各类创新型碳金融交易业务累计交易碳排放权约3480万吨，交易金额4亿元，领先全国各试点。

而随着全国碳排放权交易所正式启动，广东碳交易市场正向错位发展转变，继续为国家碳市场探索新的经验和模式。

省生态环境厅气候与交流处处长洪建武表示，首先将考虑降低纳入门槛，将更多高耗能、高排放的企业纳入碳交易市场，进一步扩大广东碳市场行业。

洪建武透露，广东将推动粤港澳大湾区碳市场建设，目前已启动粤港澳大湾区碳市场研究，研究建立粤港澳大湾区碳市场也列入了广东省政府与生态环境部的省部合作协议。

“此前广东碳市场在国际上形成了较强的影响力。”广州碳排放权交易所总裁孟萌介绍，目前放眼全球碳市场，趋势是沿多样化、多边沟通的方向发展，“特别是在欧美碳边境贸易税的压力之下，我国如何应对，广东完全有基础做一些前瞻性的探索”。她认为，包括制度、机制、产品的探索，粤港澳大湾区有条件做这些尝试，在与香港、澳门的沟通和连接中广东也做了大量工作，“希望能够在两种社会制度、三个关税区的范围内，为未来对接国际上碳相关的要求、标准等作出更好的示范”。

捌 链接全球

当前，百年未有之大变局叠加新冠肺炎疫情全球大流行，导致世界经济陷入深度衰退。2021年10月12日，国际货币基金组织发布的《世界经济展望报告》显示，全球经济复苏但势头趋缓，预计全年增长率为5.9%，较7月的预测值下降0.1个百分点。

在外部市场萎缩的情况下，外贸依存度超过30%的中国经济该如何应对？当前，我国正在构建以国内大循环为主体、国内国际双循环相互促进的新发展格局，以更高水平开放打造国际合作和竞争新优势。

放眼全球，世界经济重心向亚太转移。《区域全面经济伙伴关系协定》2021年初生效，全球最大自贸区即将诞生。中国正式提出申请加入《全面与进步跨太平洋伙伴关系协定》和《数字经济伙伴关系协定》，以实际行动实施高水平对外开放，构建面向全球的高标准自由贸易区网络。

在此背景下，广东如何在国内国际大市场拓展纵深，更好地利用两个市场、两种资源？广东创新企业正以生动的实践给出回答。

（一）市场拓展：在国内国际大市场拓展纵深

中国作为全球最大的商品贸易国，在国内国际市场的作用受到越来越多的关注。西方经济学家在深入考察后，发出这样的感叹：中国与贸易有关的基础设施是世界上最好的设施。自从加入世界贸易组织以来，一个更为开放和协调的贸易体制已经将中国推进到了世界贸易的前列[1]。

近两年来，我国在支持出口转内销等方面出台了《关于支持出口产品转内销的实施意见》等一系列举措，目的就是把超大规模的内需潜力更好

[1] 诺顿. 中国经济：适应与增长［M］. 安佳，译. 上海：上海人民出版社，2019：412.

地挖掘出来。利用好国内大市场，以改革创新推动经济向高质量发展，把握发展主动权。

广东省“十四五”规划纲要提出，打造新发展格局战略支点，畅通国内国际双循环。其中提出积极拓展国内销售渠道。支持外贸企业出口转内销，引导外贸企业结合国内需求积极转型、搭建内销渠道，对于出口转内销的生产线改造等技术改造给予专项支持。在政策支持下，不少外贸企业积极“掉头”转向国内市场，开辟内销渠道。

广州纺织品进出口集团有限公司从2020年起启动内销市场的开拓。该公司以往的产品设计都以欧美市场为主，如今则开始兼顾国内客户的需求，设计新产品。比如，出口的外衫面纱手感比较硬，设计更花哨，内销的产品则会采用更柔软的纱线。

在广州纺织品进出口集团有限公司相关负责人看来，在百年未有之大变局中，要以更强、更综合的韧性抵抗冲击，展现中国制造实力。目前，该公司正探索开拓进口面纱的国内市场，连通国内产业链。

在开拓国内市场的过程中，数字化营销成为不少外贸企业的选择。相关企业表示，相比于线下渠道拓展，通过电商平台转战国内市场，营销成本更低，天猫、京东、抖音等平台成为不少外贸企业转内销的渠道选择。

以广东麦斯卡体育股份有限公司为例，其对国内电商年销售额在1000万元以上的转型跨境客户商家以及国外小B端客户等抛出橄榄枝，并长期与各类MCN（多频道网络）机构、网红大咖、头部主播保持密切合作。这种合作模式收效良好，公司在国内直播带货时创下3分钟秒光300万元球类产品的销售纪录。

珠海中电业务发展部经理何薇说，线下分销需要一定的投入和拓展能力，直播带货的效果更明显。公司内销渠道多采用国内电商线上平台，通过天猫、京东、抖音等平台实现。

对于珠海中电来说，数字产业链集采平台是他们打通双循环的重要探索。该平台深入细分产业，提供国际集采、物流配送集成、供应链金融、技术支撑等服务，提供定制化全产业链解决方案。目前，珠海中电已建立高端数字农业集采平台，对接国际一流的产品供应商和国内高端数字农业项目需求，成效较好。

中国作为世界最具潜力的市场，国内市场空间大，规模经济效应明显。开发国内市场，形成统一有效的国内市场；做强国内市场，实现经济内循环。在国际市场波动时，做强国内市场可以减轻中国经济承受的压力。

事实上，众多外贸企业开始出口转内销，并不意味着放弃国外市场。在双循环新发展格局下，内外贸并重，“两条腿走路”，才是培育参与国际合作和竞争新优势的最佳路径。

有着65年历史的广交会，在第130届的节点首次以促进国内国际双循环为主题，首次对境内采购商全面开放。一方面，继续发挥线上展不受时空限制、低成本高效率联结全球的优势，吸引更多高质量境外采购商线上参会，服务外贸企业开拓国际市场，开辟新的订单渠道。另一方面，通过恢复举办线下展，加大境内采购商的邀请力度，鼓励适合国内市场、“同线同标同质”的产品参展，助力外贸企业发掘国内商机，开拓国内市场，更好地服务构建新发展格局。

以格兰仕为例，其与日本、欧美的主要品牌深化合作，发挥中国机电产品的完整产业链优势；同时，进军芯片产业和建设“工业4.0”基地，形成一批国产自主专利的芯片，赋能传统制造。格兰仕集团副董事长梁惠强表示，对外，发挥完整产业链优势，在全球产业链重构中持续增强核心竞争力；对内，发挥好国内超大规模市场优势，用适销对路的产品做大做强国内市场。

从广东跨越1500多公里，进博会也成为促进中国双循环新发展格局的新平台。第四届进博会上，广东交易团组织了约3030家企业、4009名专业采购商前往参展。在双循环新发展格局下，不少广东企业“剑指”完善供应链、整合贸易链，打通国内国际两个市场。东鹏陶瓷总经理叶伟贤表示，既要借助进口商国际渠道，进一步扩大海外已有市场或空白市场，也希望携手国外企业深耕中国市场，探讨互惠互利、合作共赢的新模式。

■直播进工厂进车间，参展商为观看直播的采购商们提供更多了解产品的视角（石磊摄）

进博会上，海外的优质商品和服务进入中国，将增强供给体系对国内需求的适配性，形成需求牵引供给、供给创造需求的更高水平动态平衡。这不仅有利于世界各国共享中国市场机遇，继而带动世界经济复苏和增长，也有利于为中国消费者提供更多优质消费品，提高供给质量和水平。

中国人民大学副校长刘元春认为，以国内大循环为主体不是简单的出口转内销，而是立足强大国内市场和消费转型升级，以国内完整分工体系为依托，以生产、消费、分配、流通等多环节全面顺畅为核心要点，通过创新驱动和供给侧结构性改革，打通国民经济循环的堵点和断点，构建

"以内促外"的新竞争力。

（二）联动发展：与国家重大区域战略联动发展

围绕国内统一大市场建设，越来越多粤企将产业链、营销网络等延伸到京津冀、长江经济带、长三角、海南自由贸易港、黄河流域、成渝地区等国家重点区域，借助"双区"与这些区域的战略对接、协同联动，抢抓发展新机遇，推动"广东制造"深耕国内市场，提升"广货"的国内市场占有率。

粤港澳大湾区企业深度拓展海南自贸港，便是其中最典型的案例。2020年6月1日，《海南自由贸易港建设总体方案》发布实施，其中提出要与粤港澳大湾区联动发展。一年多以来，粤港澳大湾区与海南自贸港的联动也逐步走向深入。

在海南乐东中兴生态智慧总部基地项目现场，总部综合基地区、展示中心和双创孵化基地区建设正在施工中。依托中兴通讯和中兴环保集团的平台和产业链资源，项目将引入环保产业、新一代信息技术产业、工业设计产业，逐步将乐东建设成为"一带一路"上的重要战略支点，助力海南打造智慧之岛。

深圳中兴环保集团海南项目相关负责人徐旭强说，项目落户乐东，一是因为海南自贸港的发展前景，二是因为乐东良好的区位优势和营商环境。而在构建国际国内产业链上，粤港澳大湾区可为海南自由贸易港提供支持。

在海南三亚，珠海免税正加速推进其三亚合联中央商务区项目、三亚首家岛内居民免税旗舰店的建设。珠海免税集团董事长鲁君驷说，面对当前免税行业深度整合的竞争格局，将借助粤港澳大湾区和海南自贸港两大平台优势，走差异化竞争之路。该集团利用免税政策打造国际化的免税购物体验，助力全球高端消费品牌落地，促进境外消费回流和旅游消费市场发展。

粤港澳大湾区和海南自贸港是国家的重大战略部署。两个区域地理相邻、人文相近，经济联系密切，优势互补明显，在推动两大战略联动发展方面具有现实基础和广阔前景。徐旭强认为，粤港澳大湾区着眼于打造世界级湾区，注重湾区内部协调发展；而海南自贸港聚焦我国高水平对外开放，注重中国深度参与全球发展的制度化探索和建设。二者的互补性远大于同质性。

为助力企业积极开拓国内市场，2021年广东省政府工作报告首次提出开展“粤贸全国”计划。广东省商务厅制定《关于开展粤贸全国工作积极开拓国内市场的若干措施》，从活动载体、营销网络、数字化赋能、品牌培育、支持保障五个方面提出10条措施。根据规划，广东省商务厅将每年组织企业参加国内线上线下重点经贸活动100场，平均每场活动带动超过100家企业推广营销，每年累计带动企业推广营销超过1万家次。

2021年以来，“粤贸全国”计划不断推动“广东制造”深耕国内市场，提升“广货”的国内市场占有率。广东省商务厅的数据显示，仅2021年上半年，全省共组织企业参与41场“粤贸全国”活动，涵盖服装、化妆品、家电、消费电子、灯饰照明、家具、电子信息等行业，带动13 606家粤企参展，企业签订意向订单预计220.21亿元。

不少参展企业都表示，通过参与“粤贸全国”的活动，收获了不少新兴市场的订单，填补了国内市场空白，扩大了营销网络覆盖面。

在第29届中国家电交易会（春季）上，中山市沐捷电器科技有限公司签约了全国多个空白区域代理，展会期间订单额达300万元以上。该公司营销总监凨苗说，交易会首天沐捷团队接待了100多个意向代理商，整个展会期间共接待500多位来自全国的意向客户，大部分客户都慕名前来参观公司厂房。

作为“粤贸全国”活动承办方之一，中国国际美博会副总裁姜齐放认为，“粤贸全国”系列活动打破行业壁垒、打破商贸界限，有利于推动直播电商、社交电商等新业态的发展推广，推动广东品牌高质量发展，形成广东品牌建设长效机制，为商贸广东打造更多优秀品牌，让优质的产品传扬海内外，为企业、城市和粤港澳大湾区讲好品牌故事，推动经济高质量发展。

在中国国际经济交流中心副理事长、商务部原副部长魏建国看来，广东在全国首创“粤贸全国”工作，改变了以往等着顾客上门的模式，变成了面向全国，把服务送上门。

（三）畅通渠道：打通双循环 稳固国际供应链

调研走访重点企业、港口和政府部门发现，在全球新冠肺炎疫情冲击下，粤港澳大湾区国际物流链、供应链正在产生一系列新变化，深刻影响国际贸易。

首先，广东重点通过保集装箱供应与促港口流转双管齐下，全力稳定国际物流链、供应链。

2020年疫情发生以来，国际集装箱运输动态平衡被打破，出现结构性短缺。2021年全球缺箱、塞港情况持续恶化，多家船运公司、权威经济机构均预测供应链紧张的局面或将持续至2022年。作为全球最大集装箱制造国，中国全力加大新箱供应，其中广东集装箱相关企业数量居全国第二，新箱产能持续提升。据海关总署广东分署统计，2021年1月至8月，广东出口集装箱同比大幅增长4.2倍。

此外，缓解港口运行不畅、提升港口流转效率，也是畅通国际物流渠道采取的重要手段。正如广东省社科院国际问题研究所助理研究员杨海深提出，疫情下海运物流“堵点”在于集装箱短缺、信息不对称和港口运行不畅，除了加大集装箱生产供应，广东政府部门也正进一步发挥统筹协调作用。

其中，广东省内海关推广“两步申报”“提前申报”改革，港口实施24小时智能通关，进出口整体时间大幅缩短，集装箱和货物“堵港”问题得到一定缓解。海关、港口、船运公司也积极合作，在“湾区一港通”“大湾区组合港”等改革试点基础上再创新，加快主要港口及广深两地附近港口间船舶和集装箱调拨，实现省内港口资源充分利用。同时，海

■目前顺德两港口超过 85% 的货柜选择以组合港模式进行进出口。图为妈湾智慧港（鲁力摄）

关、港口运营企业也在联合开展船舶及集装箱动态监测，争取航运公司加强空箱调拨，减少因集装箱不足导致的出口延误现象。

以“大湾区组合港”为例，招商局港口（华南）营运中心首席执行官刘彬表示，这一模式下，进出口货物直航模式变成可能，港口可以更加灵活地调配资源，吞吐更多货物，“相当于码头堆场实现了物理上的扩展”。改革成果正在显现，2021年7月1日后，深圳港口日均外贸集装箱吞吐量超过6.7万标箱，基本恢复至疫情前水平。

其次，海运价格暴涨下，陆运迅速扩张，中欧班列发展进入历史转折点，国际物流网络格局向“陆海并举”转变。

中欧班列比海运班轮节约近三分之二时间，较空运航班节约近50%费用，运距短、速度快，且疫情期间也能持续稳定发运，已成为粤港澳大湾区货物通往亚欧大陆的重要通道。海关总署广东分署数据显示，广东中欧班列开行至2021年8月底，累计发运1249列。目前已实现超过一天一列的从开行频率，2021年开行总数有望超过340列，累计开行总数有望超过1300列。粤港澳大湾区已开通近15个去往中欧、中亚、东南亚方向的班列，承运货物贸易方式则由一般贸易拓展至跨境电商、国际邮包、市场采购贸易、二手汽车出口等多种类型。

2021年全球供应链吃紧的情况下，通过中欧班列进出口的企业还可叠加适用保税政策、加工贸易政策、海关“一站式”服务等，通关及物流环节进一步减少，进出口时间持续压缩。

其中，2021年上半年，深圳市宝能汽车有限公司以加工贸易保税方式生产380辆汽车，通过中欧班列出口法国，成为深圳市第一家加工贸易整车制造企业，使用这一政策后，不仅免缴企业风险担保金1.3亿元，还直接节省税负成本上亿元；东莞中外运物流有限公司则在石龙铁路国际物流基地设立“出口监管仓”，利用出口监管仓的保税存储、物流配送等功能，实现货物即时理货、即时拼装、即时进出口，解决了中欧班列拼货、配货难题，流通效率大幅提高；此外，广州中欧班列由每周的1—2列发展到高峰期每周4—5列，各线路从确认需求到运抵目的地平均仅需15天，出口整体通关时间保持压缩在0.8小时以内。

再次，多式联运迎来广阔发展前景，从单一依赖海运向多式联运的弹性供应链模式转变。

业内认为，“十四五”期间，中国多式联运发展进入重要窗口期。据中国集装箱行业协会调研，2021年港口企业报告海铁联运大幅增长，增幅在30%—50%之间，延续了前两年的增长态势；多式联运产品丰富度不断加强，驱动了节点建设加快，产品服务更加高效。中国（深圳）综合开发研究院物流与供应链管理所所长王国文认为，在多式联运上，发达国家港口多式联运占比约30%，而中国先进港口这一比例最高仅为17%，提升空间巨大。

在广州，海铁与内陆港共建互融进一步深化，扎实服务双循环交通网络。结合“国际班轮航线+穿梭巴士支线+内陆港办事处”网络布局，以2021年年底即将建成运营的南沙港铁路为契机，构建“南沙港—内陆地区”多式联运平台，开行多条特色海铁联运班列，促进海铁联运与内陆港共建互融，同时依托“广州铁路集装箱中心站—南沙港铁路—南沙港区”，构建通往西欧、中亚的国际大通道。

在深圳，目前盐田国际每周已有逾百条航线辐射全球，世界级集装箱枢纽港地位稳固。“湾区号”中欧班列于2021年2月首次通过国际海铁联运方式组织回程班列，正式开启国际中转海铁联运新通道，实现中欧班列与深圳西部港口航运物流网络贯通联动，形成海铁联运格局，助力打造

■南沙港集装箱码头（肖雄摄）

“一带一路”海陆多式联运物流大动脉。

（四）资源配置：提升全球资源配置能力促创新

研究表明，拥有较大制造业部门的地区提供的中间产品的种类通常也较多，这就降低了最终产品的生产成本，也能够为中间产品提供广阔的地方性市场……可以产生一种专业化过程，使制造业或特定产业集中到有限的几个国家[1]。

当前，粤港澳大湾区企业充分利用区内产业链完备的优势，加快技术创新和转型升级，增强内生动力和国际竞争力。

面对全球新冠肺炎疫情挑战，中国全产业链优势凸显、经济率先复苏，周边国家因为疫情而导致产业链中断，部分订单向国内转移，首要转移的目的地之一就是粤港澳大湾区。以广东为例，海关多项数据显示，

[1] 藤田昌久，克鲁格曼，维纳布尔斯. 空间经济学：城市、区域与国际贸易[M]. 梁琦，译. 北京：中国人民大学出版社，2012：214.

2020年5月至2021年8月，全省家电、家具、电子信息产品、防疫产品等多项品类出口均保持两位数增长，其中部分品类出口更实现成倍增长。

“订单转移了，广东能马上接住，说明产业链相对完整，在国际产业链遭受冲击时，甚至不需要国外配套就能自主生产。”正如商务部研究院国际市场研究所副所长白明所说，在全球抗疫物资、“宅经济”商品需求上升的时候，完备的产业链使外贸企业及时抓住新商机。

以广东家电领军企业格兰仕集团为例，其从最初的微波炉产品切入，小至螺钉、开关键，大至重要的腔体、最核心的磁控管，再到当前进军芯片领域，全产业链自我配套能力逐步提升。“金链银链不如产业链。”格兰仕集团副董事长梁惠强这样认为。

加快布局贸易新业态、新模式，日益成为粤港澳大湾区产业谋求转型升级的新手段、新动力。

据广东省商务厅数据，2021年以来全省13个跨境电商综试区进出口持续攀升，仅第一季度总额就同比增长3.5倍。来自佛山的博达科技已在非洲深耕了20个年头，目前该公司官网已从过去的营销展示平台转型为跨境电商平台，更快触达客户。“跨境电商新业态为我们带来了新增长点。”博达科技副总裁吕谋笃认为。

另一新业态市场采购出口也蓬勃发展。疫情发生以来，市场采购贸易凭借高度的便利化水平，迅速与本地市场融合并带动开拓国际市场，成为促外贸稳增长的强大引擎，助力内贸专业市场主体开展国际贸易。同时，市场采购出口商品品类进一步拓展，企业涌现出更多特色优势产品、技术、品牌，通过构建“本地特色产业+市场采购”供应链，进一步优化资源配置。海关数据显示，2021年1月至8月，广东市场采购出口2386.7亿元，增长22.5%。

■2021 年 6 月 23 日，仓容 25.2 万吨的广州南沙国际物流中心北区仓库开仓试投产圆满成功（符超军摄）

2021年5月出台的《广东省关于推进贸易高质量发展的行动方案》明确，广东将大力推进贸易新业态工程，大力发展跨境电商、市场采购贸易、离岸贸易、转口贸易，推动贸易新业态规模五年倍增。

从全球来看，《区域全面经济伙伴关系协定》是亚太地区规模最大、最重要的自由贸易协定谈判，达成后将覆盖世界近一半人口和近三分之一贸易量，成为世界上涵盖人口最多、成员构成最多元、发展最具活力的自由贸易区。RCEP将于2022年1月1日生效，多位专家认为，这是东亚区域经济一体化的重大新进展，未来5至10年内，亚太地区将成为世界经济发展的引擎，亚洲会成为全球最大的生产链、供应链、消费链叠加的区域，以及全球最大的消费市场。

有专家认为，未能站在技术前沿的国家可以采用全球最先进的技术来提升自身的生产率，它们通常通过进口新型资本品或接受外国直接投资来实现这个目标[1]。

在当前全球经济面临困难的情况下，RCEP的达成也是力推自由贸易、抗衡全球贸易保护主义与逆全球化潮流的有力措施。正如中国国际经济交流中心副理事长、商务部原副部长魏建国所言，RCEP向全球释放出各国加强以规则为基础的多边贸易体制的强烈意愿，在WTO面临改革的背景下尤为关键，随着RCEP近期生效，中国企业开拓全球市场也将迎来新的巨大机遇。“一方面，作为全球最大的自贸区，RCEP为中国企业提供了足够的市场容量，与中国经济高度互补；另一方面，这一自贸区就在家门口，也与中国‘一带一路’倡议的方向高度重叠。”魏建国表示。

以形成国际一流湾区和世界级城市群为目标的粤港澳大湾区，有望在RCEP带来的巨大机遇中占得先机。2021年上半年，广东对RCEP贸易伙伴进出口同比增长20%。

机遇与挑战并存。中国国际经济交流中心首席研究员张燕生认为，在RCEP成员国内，日本、韩国、新加坡、澳大利亚、新西兰等国家在科技创新、先进制造和现代服务、贸易和航运、营商环境等领域实力很强，这也意味着广东将面临开放竞争的新形势、新挑战，不进则退。未来，粤港澳大湾区应通过极点带动发挥各城市的差异化优势，如香港的现代金融、深圳的创新活力、广州的综合服务、佛山的先进制造、澳门的旅游娱乐、珠海的绿色发展，全力打造成为RCEP货物、服务、数字、离岸、绿色贸易发展的现代综合枢纽，在RCEP区域一体化合作中发挥更大的作用。

尽管当前粤港澳大湾区发展前景较好，国际经济和全球贸易形势依然存在诸多不确定、不稳定和不均衡因素。一方面，国际市场需求面临较

[1]　欧文. 贸易的冲突：美国贸易政策200年[M]. 余江，刁琳琳，陆殷莉，译. 北京：中信出版社，2019：277.

大不确定性，全球疫情几度反复，多国在“封锁”和“解封”中摇摆，世界经济复苏不确定性上升，而且拉动外贸增长的阶段性因素或将消退，出口增速将逐步回落；另一方面，全球产业链供应链不稳定性凸显，部分国家因疫情再次停工停产、贸易问题政治化、实行科技封锁等因素，严重影响全球产业链供应链的稳定和畅通，增加企业面临的风险。

玖 智库建言

调研发现，广东战略性产业集群发展总体呈现积极向上态势，但在“高精尖”领域突破、上下游协同、错位发展方面还是存在一定短板。面对2022年或将更加严峻的国际贸易形势，粤港澳大湾区要实现产业高质量发展，更须及早准备、积极应对，采取多种手段优化全球资源配置，规避贸易风险。

（一）围绕创新要素推动体制机制变革

广东作为创新发展领先地区，仍存在企业创新能力不足、协同创新能力有待提升、创新政策落实不到位、政府决策咨询体系不完善等问题，这就需要大力推动科技政策和创新深度融合，进一步加强创新动力机制、创新成果转化机制和优化协同机制方面的探索，强化科技政策的支撑环境，为破除科技创新的体制机制障碍提供基础保障。

1. 统筹协同创新，构建产学研深度融合创新体系

要健全省部院产学研合作机制，加快建立省部院地等多部门、多主体联动的宏观统筹、协同创新机制。以省市共建省实验室为主抓手，加大基础研究和应用基础研究投入，实施重大科技专项，加大核心技术攻关力度和成果转化。

引导企业普遍建立研发机构，制定政策支持相应高新企业承担国家类的科技攻关项目，引导创新型企业加大科技研发的投入建设。发挥高新技术龙头企业辐射带动作用，打造高新技术企业集群、集约发展的重大创新平台，建立高新技术企业协同创新体系。

通过设立研发基金等方式鼓励跨国公司把研发中心、创新基地搬到广

东，推动广东形成全球研发网络的重要组成部分。建立企业与高层次政府开展创新对话机制，发挥企业技术创新的优势，提升企业参与创新机制变革的主动性。

2. 争取国家资金支持，服务科技成果转化

充分依托省内银行自身功能优势，提升科技金融供给水平。针对科技型企业在初创期、成长期、发展期等不同发展时期的特点，努力实现科技金融产品与信贷融资模式的探索与创新，如建立科技金融机构、担保机构与创投机构三方协作的创投联贷模式，将科技金融与科技创新协同中的收益和风险进行良好匹配；创新知识产权抵押的新模式，引入风投，引导各类资本加入知识产权的流通市场中来。

建议推动资本资源的精准灌溉。核心技术的开发往往面临开发周期长、资本开支大的痛点，应更好推动直接融资服务基础创新，为核心企业突破和创新关键技术提供资本助力。

（二）持续深化粤港澳科技创新协同

调研发现，粤港澳科技创新协同力度仍然存在顶层设计缺乏、科技创新资源区域分布不均匀、技术扩散效应不突出、创新要素和创新资源信息流动不够高效有序等问题。

1. 建立科技创新协调机制，加强协同创新服务保障

建议成立大湾区产业科技创新委员会，专门统筹大湾区内创新和科技合作事宜，建立粤港澳三地常态化的科技创新合作沟通协调机制。

建议探索“一国两制”背景下服务科技创新与合作的转移支付系统，研究构建大型科技合作共建项目的风险共担和利益共享机制，以激发创新主体跨境创新合作的能动性和积极性。由三地政府牵头建立粤港澳大湾

区创业投资基金，并引导其向具有高成长性、高发展潜力的高科技企业投资。

2. 培育跨境创新主体，形成创新源线上融合平台

充分发挥广深港澳科技创新走廊的新技术研发优势、高科技产业规模优势和科技创新的制度优势，以粤港澳大湾区各地高新区和合作科技园区为载体，着重打造联合科技成果转移转化平台、技术交易平台精准推动科技成果转化。

推广众包、众创等开放式研发设计模式，加快形成粤港澳三地协同创新生态。在互联网平台上重塑科技创新方式，加快构建粤港澳大湾区技术交易、创新创业、科技金融等创新服务高度融合的线上线下有效联动平台，精准打通粤港澳各科技创新主体和产业发展主体的联动，促进科技成果转化。

3. “高精尖”领域率先突破，补足高端产业链短板

打造高水平研发平台，依托粤港澳大湾区国家技术创新中心，整合广东省产业和高校资源，加快提升广东在集成电路领域等“卡脖子”关键技术的全链条综合创新能力。

广东、香港、澳门三地充分发挥各自优势，吸引国内外高端人才、科研力量以及国际资本，促进战略性支柱产业集群生态圈各类创新要素的流通配置，发挥最大价值。

（三）补齐产业链短板 增强供应链韧性

疫情下，全球海运运转不畅，大宗商品价格飙涨，加上贸易摩擦等因素，供应链稳定的重要性不断凸显，中央多次强调，要维护产业链供应链安全稳定，畅通世界经济运行脉络。

1. 从产业链层面确保基本资源稳定供应

建议广东进一步推动“链长制”发挥作用，从全产业链层面确定重点保障的原料、能源、电力等供应，最大程度减少产业链波动乃至停顿，提升产业链韧性。

建议发挥龙头企业带动效应，推动产业集群上下游深度融合。以汽车产业集群为例，粤港澳大湾区是全国重要汽车制造基地，广州、深圳、佛山定位新能源汽车整车制造，东莞、中山、惠州等定位上下游零部件及新材料产业链配套。据不完全统计，在智联新能源汽车产业领域，广东已有4个整车项目建成投产或奠基。广东应充分激活整车企业龙头带动作用，推动上下游领域深度融合，发挥智能科技优势，助力新能源汽车产业集群发展。

面对外贸领域可能出现的大幅波动，建议进一步加大海外生产制造基地的产能，加强海外仓布局，扩大海外工厂、海外仓供应和辐射的地区与国家；抢抓RCEP正式生效带来的新市场机遇，用好“粤贸全球”等重要平台，优化出口市场结构，加强开拓东盟及“一带一路”沿线新市场。

2. 围绕关键零部件、关键技术提升自主供应能力

“两头在外，大进大出”是长久以来广东经济的重要特点，也带来关键零部件和消费市场严重依赖外部的短板，在外部供应链面临不稳定状况时，就会影响产业经济的正常运转。

建议在保障基本生产要素供应的同时，根据产业链、产业环节的重要性，列出关键零部件、技术清单，并依照现有技术基础、国内产业布局、国外供应稳定性等，分批分情况加大自主研发和产业化力度，让产业向上下游进一步延伸，提升产业集群的整体竞争力。

在创新资源方面，全力加快战略性新兴产业发展，增强“智造”能

力，立足实际调整外贸产业结构和布局，重点发展新产业、新业态、新模式，提高外贸产品和产业附加值；充分利用传统产业优势，推动产品多元化和技术智能化、数字化，利用现代科技改造传统产业。

在强链补链方面，进一步加强产业链供应链“补链”的产业规划布局，引导市场、企业进行“补链”，并充分利用自由贸易试验区政策优势，发展保税加工贸易等业态，提升加工贸易技术水平。

3. 建立全球主要市场商品交易预警机制

由于欧美港口运转不畅等原因，西方很多企业往往重复下单，加上东南亚等地区受疫情冲击产能下降，导致短期订单大量流向国内，对大湾区制造企业的正常运转造成冲击。

建议政府部门与重点领域产业协会、重要港口、研究机构和龙头企业联手，全面搜集、分析欧洲、北美、日韩等重要市场的经济发展走势和市场状况，定期发布市场状况分析报告，对重复下单等导致的订单泡沫以及重大市场变化等特殊情况提出预警，防止短期订单大幅波动对原料购买、厂房建设、设备投资、生产计划等产生不利影响。

（四）拥抱数字化　抢占未来发展制高点

广东在电子信息产业上有着世界级的制造基础，在芯片设计端也有很强实力，特别是在5G等新技术上已经在全球占据重要位置，但也面临中高端芯片、设计软件等严重依赖进口，原始创新能力不足等短板。

1. 推动粤港澳协同，加快建设中国芯片第三极

建议在广州等地芯片制造的基础上，加大力度发挥香港在金融创新、澳门在芯片研发、深圳在芯片设计，以及粤港澳大湾区在芯片应用等方面的优势，加大力度引进美国、欧洲和中国台湾等国家和地区的芯片产业人

才，推进建设中国芯片第三极，并瞄准芯片产业未来方向，提前布局谋划抢占未来制高点。

2．让数字技术赋能千行百业，打造全球数字化高地

建议争取建设国家级混合现实平台，向社会提供公共虚拟服务，探索现实与虚拟、实物与数据深度融合的试点区域，打破消费、生产、科研等领域的数字化藩篱，特别是瞄准区块链、增强现实、人工智能等重点领域加强基础研究和技术储备，探索组建粤港澳大湾区未来数字化产业联盟，将大湾区建设成为具有引领性作用的全球数字化示范高地。

鼓励企业优先使用国产工业软件。继续鼓励国产自主工业软件公司突破核心技术，打造产业生态，鼓励企业数字化优先使用国产工业软件，鼓励大国企、行业灯塔企业开放应用场景和市场，加快行业生态建设，保证自主工业软件安全可控。

3．着力打造若干数字化、创新型经贸平台

全球供应链不稳，但数字化技术为线上谈判、贸易、采购乃至协同制造、研发提供广阔前景。

建议以广交会、高交会等全国性展会为资源依托，全面升级线上平台功能，提升精准对接、交易能力，打造数字化时代全球一流的商品贸易、科创服务平台，补足广东在消费互联网时代缺乏全国性平台的短板。

（五）发挥产业科创优势　实现绿色发展

广东产业发展对稳定的能源供应有着强烈需求，在降低单位能耗上也承担很大压力，迫切需要化危为机，以超常举措尽快实现社会经济向着绿色低碳转型，避免陷入难以兼顾的被动局面，也为全国乃至全球重要产业聚集地的绿色转型提供参考。

1. 借助电子信息产业优势，以数字化推动绿色转型

由于自然环境的变化，水电、风电等绿色低碳能源往往带来电力波动或间歇特点，难以满足现代经济对稳定电力的需求，供电体系需要更大的系统灵活性，这必须有数字化作为支撑。

建议依托粤港澳大湾区电子信息产业基础，整合相关高校、研究机构、企业的资源力量，对数字化能源的相关重点课题开展集中攻关与“揭榜挂帅”结合的方式，力争尽快实现基础研究的突破并尽快实现产业化。

2. 在沿海经济带建设世界级风电产业中心

建议在湛江、揭阳等地现有的风电产业基础上，推进共性平台建设，加快风电关键零部件的国产化并不断提升转化效率，将大湾区对强劲、稳定电力的客观需求转化为产业发展的新优势和新机遇，将沿海经济带建设成为以风电为代表的世界级新能源产业制造、研发中心。

建议发挥电力领域央企龙头带动作用，继续加大技术创新投入，增加示范项目建设，带动中国电力工程技术的全面提升。同时，也应持续推动全业务泛在电力物联网等重点项目进程，实现能源电力上下游全产业链的发展提升。

3. 依托港澳金融资源建设全球绿色金融交易平台

建议将已有的绿色基础设施和绿色金融要素整合起来，探索建立绿色科技金融交易中心，作为全球绿色金融体系的重要节点，搭建起助力我国绿色科技发展的开发型融资平台，并进一步建立多层次、广覆盖、深融合的绿色金融服务体系，更好地服务实体经济绿色转型。

具体来说，其一是提升绿色金融客户业务上报、审批、放款等环节效率以及收费、定价等方面的差异化支持；其二是探索气候债券、绿色信贷资产证券化等创新产品，研究排污权、水权、用能权、碳排放权等环境权

益抵质押融资业务及交易产品；其三是建立大湾区统一的绿色金融标准，研究统一的碳市场，构建“碳市通”（Carbon Connect），开展碳排放交易外汇试点；其四是扩大金融双向开放，探索“绿色债券通”“绿色理财通”“绿色保险通”等。

（六）选取重点领域开拓未来产业赛道

大力发展未来产业，已经成为当今国际社会应对发展困境、实现经济可持续发展的战略突破口。这也是我国抢占未来科技经济战略制高点的重要举措。

1. 选好赛道出台政策，前瞻性布局重点项目

做好未来产业建设与发展规划。未来产业的选择方向应符合科技和产业发展方向，有条件发展成为支柱产业，对结构升级和发展方式转变具有支撑和引领作用。

引导有条件的地市成立未来产业工作领导小组，统筹本地区未来产业规划布局。统筹整合现有产业扶持政策，加快出台政策配套细则，建立包括未来产业培育建设与发展基金、完善财政税收支持政策、吸引要素集聚的优惠政策等在内的政策扶持体系，创造良好的产业建设与发展环境等。

引进与培育一批具备硬科技储备、创新能力与市场竞争力突出的未来企业，鼓励有条件的优势企业转型建设与发展未来产业。布局一批未来产业技术研究院，丰富未来产业应用场景，运用前沿技术推动全省产业跨界融合创新发展。

强强联合，错位发展。比如生物医药产业可以与新一代电子信息技术产业结合发展。目前，东莞形成了以松山湖高新区为核心的生物医药企业集聚区、以华为领头的新一代电子信息技术产业园区，合力发展“AI+生

物医药”大有可为。

2. 组织实施重大科技攻关，创新与产业发展相互促进

建议聚焦前沿引领技术、颠覆性技术及“卡脖子”技术等，组织实施一批重大科技攻关项目，着力构建未来产业创新支撑体系。大力推动新型研发机构建设，集中力量引进培育一批服务未来产业的新型研发机构，参照先进省市经验建立“政府、产业、大学”三方协同的新型研发机构，加速科技成果产业化应用。

强化企业技术主体地位，鼓励优势企业联合省内外高校院所在广东省设立一批未来产业领域的重点实验室、工程技术研究中心、高水平创新研究院等重大创新平台。把自主创新与培育产业结合起来，形成以技术带动产业、产业驱动技术的产学研一体的创新格局。在颠覆性前沿技术领域，着力形成一批产值超百亿、超千亿的新兴产业。

建议鼓励支持企业、高校、科研院所参与战略性新兴产业及其细分领域国际标准的制定，充分发挥企业在参与国际标准化活动中的作用，强化国际市场话语权和新兴产业发展引导力。同时发展一批高水平国际化中介服务机构，为战略性新兴产业企业走出去提供高质量服务。

附录一
权威访谈

1. 中美绿色基金董事长、国家发改委原发展规划司司长徐林：广东要实现年均5.0%左右的增速，关键一招是这个

■徐林

广东“十四五”发展蓝图正徐徐展开。2021年4月25日，《广东省国民经济和社会发展第十四个五年规划和2035年远景目标纲要》正式发布。

同时，广东面临的国内外环境和自身条件都发生了重大变化，在此形势下如何实现“十四五”期间的高质量发展？南方日报专访中美绿色基金董事长、国家发改委原发展规划司司长徐林，他分析了广东面临的新形势和新变化，以及应当采取怎样的对策，在哪些领域进行新探索。

稳定经济增速的关键是全方位创新

南方日报： 进入“十四五”，中国经济的潜在增长率或将进一步下行。广东设定了全省地区生产总值年均增长5.0%左右的预期目标。在您看来，广东稳定并延长经济增长平台期，需要认真考虑的政策和改革重点有哪些？

徐林： 按照新古典增长模型，经济增速是由技术进步增速、资本投入

增速和劳动力投入增速共同决定的。

从我国目前的趋势看，老龄化程度日益提高，与之相随的是劳动力供给增速降低，加之资本产出率增速也在下降，从全要素生产率的增速看，也存在下降趋势。生态环境、债务杠杆率、结构失衡等边际约束条件日益收紧。

从需求侧宏观模型来看，国内消费增速逐年下降，已经由过去10%以上下降到8%左右；固定资产投资增速也由高峰期30%下降至如今6%左右。

综合上述多重因素及其变动趋势，广东设定了全省地区生产总值年均增长5.0%左右的预期目标是合理的。而稳定经济增速的主要办法和举措，核心内涵应转变为全方位创新，重点是体制机制创新、科学技术创新、治理模式创新，打造一个有利于吸引各类创新要素和生产要素在广东聚集的发展环境，强化全省经济增长的创新驱动，通过提高全要素生产率增速来推动增长。同时要尽可能多地拓展国际合作空间，拓展拉动经济增长的生产可能性边界。

南方日报：经济发展指标强调“质量”和“结构”，对于“十四五”时期高质量推进广东经济优化和结构调整，您有哪些建议呢？

徐林：广东已形成以先进制造业为支撑、现代服务业为主导的现代化产业体系。强调经济发展的“质量”和“结构”，在创新引领方面应该走在全国前面。要更多地利用市场机制激励对科技研发的人、财、物投入，让投资者和科研人员更多分享研发成果商业转化形成的收益。要加强制造业基础性核心技术、数字计算技术和产品、绿色低碳技术的国内研发和进口替代，以摆脱对进口产品和技术的严重依赖，突破发达国家的技术封锁。

此外，生态环境的改善是人民群众对美好生活的向往更具体的要求，绿色低碳发展已日益成为一种持续上升的市场需求。广东要率先加快优化能源结构并强化节能，推进分布式清洁能源体系建设和能源互联网建设，在碳达峰和碳中和方面走在全国前列。

从公平正义的角度来说，广东是一个移民大省，外来人口比例很高，这些人作为劳动力为广东经济发展作出了重要贡献，在享受公共服务方面应得到更均等化的对待。广东作为沿海发达省份，应该率先成为全国高质量发展的示范地。

对外开放要建立在竞争力不断提高的基础上

南方日报：广东提出“打造新发展新格局战略支点”，该如何更好地把战略支点作用发挥出来？

徐林：新发展格局强调的是“双循环”，要更多地发挥内循环对经济发展的支撑作用，同时还要继续发挥外循环对中国发展的推动作用。在构建新发展格局中，广东要更好地发挥内循环的作用，如提高教育、医疗等民生领域公共服务供给水平，特别是通过实施均等化的公共服务，使得在广东打工的外地人能够更稳定地在广东居住生活，发挥他们的消费潜力和投资潜力。也要推动“广东制造”深耕国内市场，提升“广货”的国内市场占有率，更好地满足国内消费升级的新需求，在国内统一大市场中拓展广东经济纵深。

在双循环新格局下，广东要继续发挥外向型经济的独特优势，这是改革开放40年来奠定的一个重要优势。在新的国际环境下，特别是百年未有之大变局的环境下，广东的外向型经济发展，对外开放要有一些新的内涵，其核心要建立在竞争力不断提高的基础上，能为世界各地提供更多不可替代的产品和服务，同时也为世界提供日益开放和深厚的广东市场。

南方日报：广东提出，依托深圳建设中国特色社会主义先行示范区综合改革试点，探索更多创造型、引领型改革举措。在您看来，建设更高水平开放型经济新体制的重要举措目前有哪些？

徐林：过去广东的高速增长得益于改革开放，未来的发展依然离不开改革开放，但必须是更广泛更深入的高水平全方位对外开放，更高水平的开放代表着更加深入的改革。

具体而言，发挥广东自由贸易试验区的示范引领作用，探索推动规则、规制、管理、标准等制度型开放，制度型开放的本质就是改革；建立对接国际高标准市场规则体系，推动实现更高水平的开放。比如，在服务领域，进一步扩大服务业对外开放，通过引进国外先进和高品质的服务模式，促进服务业市场的高水平竞争，通过竞争尽快提高服务业的服务品质和服务能力。

同时，要积极构建与国际高标准投资贸易体系相衔接的规则框架，深化市场化和法治化改革，减少市场主体对未来的不确定性担忧，增强对未来的发展信心和恒心。

市场机制最有利于促进区域协调发展

南方日报：中心城市和城市群成为承载发展要素的主要空间形式。广东提出“双区”引领，即粤港澳大湾区和深圳中国特色社会主义先行示范区，打造五大都市圈。在您看来，处理好中心城市引领带动和周边地区梯度发展、共同发展的关系，对深化区域治理提出了哪些新的要求？

徐林：从他国以及我国自身实践经验看，真正有利于促进区域协调发展的恰恰是市场机制，因为有效的市场机制会允许各类要素自由流动，并产生要素报酬均等化的趋同效应。好的区域战略和政策应该基于统一市场下的要素自由流动和要素聚集机制，做顺势而为的引导，而不是逆势而为的干预。

通过市场要素自由流动、基础设施网络共建、生态环境协作补偿、基本公共服务均等化等机制，促进城市群和都市圈内部不同规模城市和城镇之间的相互协调发展，最终将引领广东省优化生产、生活、生态空间，实现经济社会和生态全面协调可持续发展。

南方日报：携手港澳共建粤港澳大湾区国际金融枢纽，扩大金融双向开放，是广东“十四五”规划的重要内容之一。您对广东实施更高水平的金融开放，有哪些建言呢？

徐林：香港的国际金融中心地位，香港所采用的联系汇率制和离岸集资中心，以及最根本的“一国两制”制度，决定了它是中国与世界的连接点，是中国对外开放的重要桥头堡。在国际合作与交往、面向全球进行资源配置方面，香港比内地城市更具优势。

有序推进粤港澳金融市场互联互通，要加强粤港澳三地金融规则和标准的对接，强化国际金融交流与合作，提升金融开放水平和能力，使香港代理或衔接广州、深圳金融中心的国际资产配置业务，更好地建立合作、畅通渠道。一旦这些条件具备，广州和深圳会吸纳更多内地的金融资源，通过与港澳之间的特殊渠道，进行国际资产配置。

此外，在跨境交易的便利性方面，也应该去做一些制度性探索。

刊于2021年4月27日《南方日报》，龙金光　黄应来　王彪

2. 国家发改委宏观经济研究院原副院长马晓河：促进公共服务均等化，畅通都市圈要素流动

■马晓河

城乡区域发展不平衡是广东高质量发展的最大短板。广东省“十四五”规划纲要单列篇章提出，深入推进新型城镇化，优化区域协调发展格局。

“建议广东把高质量的基础设施、公共服务从城市延伸到农村，在城市群内部的城乡之间实现基础设施一体化、公共服务均等化，让城乡比较优势充分发挥，共同迈向新的发展台阶。”国家发改委宏观经济研究院原副院长马晓河接受南方日报专访认为，在此过程中提高城乡居民收入水平，还可以不断激活消费“慢变量”，让消费成为引领经济的主动力，推动国内经济大循环。

畅通都市圈要素流通，率先迈向发达经济体

南方日报：广东省“十四五”规划纲要提出，优化“一群五圈”城镇空间格局，加快形成以城市群为主要形态的增长动力源。您怎么看这一布局？

马晓河：推动城乡区域协调发展，推进新型城镇化是广东省“十四五”规划纲要的一大重点，也是一大亮点，这主要体现在两个方面。

其一，“一群五圈”的城镇空间格局覆盖了全省21个地级以上市，特别强调广州、深圳两市“双城联动、比翼双飞”。两市2020年地区生产总值合计超过5万亿元，通过强化核心城市引擎功能，推动区域协同创新，共建更多重大发展平台，可以充分发挥广东在建设中国特色社会主义市场经济、推动产业结构升级等方面的带动效应，对珠三角、粤港澳大湾区乃至全国起到促进作用。

其二，“十四五”规划纲要特别提出要打造完善便捷高效的区域交通网，建议广东以此为基础，推动都市圈、城市群在产业、交通、营商环境、社会治理、生态环境、基础设施、公共服务等全方位的深度一体化，形成区域竞争的新优势。

南方日报：城市群和都市圈，是近年来区域经济的关注热点。广东省“十四五”规划纲要提出，培育壮大广州、深圳、珠江口西岸、汕潮揭、湛茂等五大都市圈，强化都市圈内市政基础设施协调布局。您对广东建设五大都市圈有何建议？

马晓河：大中城市的落户门槛正在全面放宽放开，这是全国城镇化的重要方向。与之匹配的是公共服务均等化水平、社会保障统筹层次的不断提升。

我国接下来要向高收入国家迈进，广东应该作表率，特别是聚焦四个任务：其一，加速提升城市化水平，对标发达经济体，让城市化率再上一个新台阶，在粤港澳大湾区内，让广州、深圳、香港、澳门四个中心城市带动周边城市形成网络化、多层次的城市群，打造同城化的基础设施体系；其二，城市群内部，基本医疗保险、基本养老保险、教育等公共服务应逐步实行高质量的一体化、均等化；其三，产业集群在城市群内实现一体化，优势互补，产业链高度密切衔接；其四，推动人口在“一群五圈”

里自由流动，推动不同城市间的户籍准入年限同城化累计互认，搭建起人流、信息流、资金流、物流这“四流”充分流通的大市场，让广东率先成为全国迈入发达经济体的示范地。

南方日报：除了五大都市圈，近年来，广东还在不断推动各个城市之间的协同发展。

马晓河：这是因为城市群的发展同样存在集聚效应。互相不联动的时候，各个城市就是分散的“1”，两个城市联动起来，就通过要素的流动、集聚放大了经济效益，实现“1+1>2”。下一阶段，广东应加强城市联动培育新的城市发展极，更多依靠城市群集聚和产业集聚，提高效率，带动经济发展，实现经济、社会和体制机制的结构转型。

南方日报：这将对广东发展带来哪些影响？

马晓河：城市群内部的深度一体化可以加快广东的城市化进程，有助于扩大中等收入群体，并对产业升级提出了新要求，带来了新优势。

公共服务、基础设施的一体化，以及产业融合化发展，特别是落户门槛全面放开放宽，可以让广东的城市化进程提速。广东省“十四五”规划纲要将2025年的广东常住人口城镇化率设定在74.8%，我认为这一指标可以适当提高，最晚到2030年应争取达到80%，基本实现城镇化。

这会带来多方面的影响。从社会结构看，人口在城市聚集达到一定程度，就会形成市民化社会；从收入结构来看，可以推动形成中等收入群体占主体的橄榄型社会，国家“十四五”规划明确提出实施扩大中等收入群体的行动计划，广东可以考虑制订该行动计划的广东版；从经济结构看，将对产业结构产生新的要求，将需要更多高技能、高素质的劳动者。

激发县域经济活力，打通城乡经济循环

南方日报：城市快速发展、高度集聚的同时，广东也面临城乡区域发展不协调的挑战。您对此有何建议？

马晓河：广东的城乡区域发展不协调突出体现在珠三角与粤东西北之间的发展不平衡。我去过韶关、清远、梅州等地调研，发现广东的对口帮扶效果很好。在此基础上，广东省“十四五”规划纲要提出，以广清一体化、深汕特别合作区建设为示范，推进环珠三角地区与珠三角地区融合发展，实施新一轮对口帮扶政策和中长期规划。这些举措都非常值得肯定。我相信，只要政策合适、落实有效，广东城乡发展差距就会不断缩小。

一方面，随着农业人口市民化的进程加快，当越来越多的人口进入城市，农村的人均占有资源量会进一步提升，可以通过规模化经营提高农业生产率，提高收入，改善生活质量。

另一方面，把高质量的基础设施、公共服务从城市延伸到农村，在城市群内部的城乡之间实现均等化，再通过乡村宜居建设、高标准农田建设、现代农业产业建设等，让城乡比较优势充分结合，共同迈向新的发展台阶。

城乡之间的经济循环是国内经济大循环的重要组成部分，城乡协调发展，也就意味着不同产业内部的生产、分配、流通、消费等环节在城乡之间打通，这将有力推动整个经济体系的稳定高效运行。

南方日报：随着乡村全面振兴接续脱贫攻坚，介于大中城市和乡村之间的县域经济和小城镇发展得到更多关注。广东省“十四五”规划纲要提出，加快县城人口集聚、产业集中和功能集成，不断增强发展县域经济和吸纳农业转移人口就近就业落户的支撑作用。

马晓河：在县域经济发展方面，广东提出不少好的思路，比如，不断

增强发展县域经济和吸纳农业转移人口就近就业落户的支撑作用，提升促进区域协调发展的基础载体功能，发展“跨县集群”“一县一园”“一镇一业”“一村一品”等，都可以和乡村振兴等国家战略，以及广东“一核一带一区”区域发展格局相衔接。

我建议，随着县域内基础设施、公共服务特别是信息化水平的提升，在充分尊重群众自主意愿的前提下，可以探索对部分村镇的行政区划进行适当调整，推动形成更加集约化的社会治理结构，降低社会管理成本，提高运行效率。与此同时，对于无人居住的宅基地，在符合国家法律及相关规定的前提下，推动其进入市场，为县域经济发展提供更多空间，让县域成为城乡融合发展的枢纽。

全面扩大消费，形成内需主导的经济结构

南方日报：提升居民收入是扩大消费市场、促进形成新发展格局的重要内容。“十四五”规划纲要提出，要实现收入分配结构的明显改善，居民人均可支配收入增长和经济增长的基本同步，中等收入群体比例的显著提高。广东应如何推进？

马晓河：从全国来看，广东总体上已经属于经济发达地区，下一阶段要特别注意协调好投资与消费的关系。

投资是快变量，少数人决策，短期见效快；消费是慢变量，每个人决策，逐渐见效。所以投资对促进经济增长的效应体现得比较快，但是无论是一个国家还是省份，当经济到了发展后期，特别是接近发达经济体水平时，基础设施投资空间相对变小。

从全球看，发达经济体的GDP中，消费占比往往在75%左右，投资占比在20%多，两者合计占GDP总量的98%以上，从而形成内需占主导的经

济结构。这种情况下，一方面要优化投资结构，拓展投资空间，提升投资效率，一方面要让消费成为引领经济的主动力。

南方日报：您对此有何具体建议？

马晓河：优化投资结构，第一，要向民生倾斜；第二，向培育未来的潜在增长点——科技创新倾斜；第三，向城市群联动发展倾斜；第四，向农村偏远地区的“最后一公里”倾斜。

更重要的是全面扩大消费。什么叫全面？第一，要千方百计提高低收入群体的收入水平，扩大就业，支持创业，增加转移支付，提高社会保障水平；第二，充分保护中等收入群体合法权益，解决他们在住房、教育、养老等方面的后顾之忧，增强他们的获得感、幸福感和安全感，要让他们能消费、敢消费、愿意消费；第三，要引导高收入群体的新型消费，改善消费环境，提升供给品质。

扩大消费市场是一个系统工程，投资跟消费的协调也是新发展格局的重要内容。投资带来产能提升，如果真实的消费需求不足，就会造成结构性生产过剩，表明经济大循环没有有效循环起来。所以，缩小城乡差距，特别是缩小城乡居民收入差距，对双循环新发展格局具有重要战略意义。

刊于2021年5月10日《南方日报》，王彪　黄应来　隋明润（实习生）

3. 国家发改委城市中心总工程师张国华：打造世界级空海交通体系，提升全球资源配置能力

■张国华

从优化“一群五圈”城镇空间格局到建设国际科技创新中心，都离不开现代交通体系的支撑。广东省“十四五”规划纲要提出，将建设世界级综合交通枢纽，提升综合运输服务水平，加快形成“12312”交通圈，建设安全、便捷、高效、绿色、经济的现代化综合交通运输体系。

“工业文明时期，是人跟着产业走，在绿色生态文明和知识经济时代，产业和资本跟着人才走，人才跟着公共服务和生态环境走。”国家发改委城市中心总工程师张国华表示，广东一方面要把破解交通设施和教育、医疗等公共服务不均衡作为都市圈建设的“牛鼻子”，另一方面要打造世界级空海交通体系，积极参与全球资源配置。

完善轨道航空网络，推动中高端服务业发展

南方日报：“十三五”期间，广东高速公路通车总里程率先突破1万公里，铁路运营里程达4869公里，其中，高速铁路2065公里，世界级机场群加速构建。如何评价这些建设成绩？

张国华：“十三五”期间广东在交通基础设施和经济建设上的成绩

非常显著，并与电子信息、绿色石化、智能家电等万亿级产业集群共同支撑起广东的现代经济体系。跟建设交通强国的要求相比，广东特别是珠三角也是走在全国前列，并正由“从无到有”向“从有到好”“从有到强”转变。

南方日报： *广东要如何推动这种转变？*

张国华： 很多人说，广深高速堵车1小时，全球电子信息产品就涨价。我认为这说明三个问题：

其一，以广深高速公路为交通轴线的广深港澳科技创新走廊，集聚了世界级电子信息硬件制造产业链，但在交通建设和物流效率上还有改进的空间。

其二，和传统的公路、港口相比，机场和高铁在中高端服务业、科技创新、金融服务等方面的推动力更强，要特别注意将这些基础设施与创新融合起来。香港把西九龙高铁站和西九龙地区融为一体，打造香港最具活力、最具创新的城市空间。如果把广州南站和周边区域也融为一体，广深港澳科技创新走廊就将从以高速公路为轴线变为以高铁为轴线，建立起超大城市高效协同体系。

其三，有了先进的硬件设施，还要配置先进的交通管理系统，提高运行效率，提供更好的服务。广东要深入研究如何让基础设施实现高效规划、高效建设、高效运营，并与产业转型升级、城市可持续发展结合起来。

南方日报： *工业革命以来，每一次产业变革都伴随着交通方式的升级换代。*

张国华： 每一种交通方式都对应了一种交通基础设施服务，也都对应了一种产业结构。比如，钢铁化工等资源能源性产业，就需要铁路和水运这样低成本的运输方式，中低端制造业通常希望产品快速流通，对应的就是以高速公路为代表的公路运输。

高端消费性服务业和以电子信息为代表的通信制造产业的最大特点是需要信息快速交换，而在各种方式中面对面交流目前还无法取代，因为眼神、气场、情绪等同样可以传递重要信息。作为信息载体的人在空间上的高效转移也就更加重要，对应的是航空、高铁、地铁等组成的高效客运体系。

回到广东看，要特别关注以轨道、航空为代表的现代客运体系跟金融专业化服务、科技创新在空间上的结合。对专业化高端生产服务业来说，人的集聚是关键，而人的集聚又带来基础设施的共享，专业化分工程度、生产效率和创新能力的提高。

人跟着环境走，建设生态文明，增强绿色引力

南方日报： 近年来，从国家到各个省份，都提出城市群、都市圈建设。广东"十四五"规划纲要提出，构建现代化都市圈体系。培育壮大广州、深圳、珠江口西岸、汕潮揭、湛茂等五大都市圈。

张国华： 在我国现代化的道路上，关键要解决好"四化"的问题，也就是城市化、工业化、市场化、国际化。其中城市化是最复杂、最关键的，因为城市化是工业化的载体、市场化的平台、国际化的舞台。

工业革命以来，城市化经历了三个阶段。首先，伴随着工业革命的兴起，制造业向以伦敦、纽约为代表的大城市集聚；接着，大城市土地、劳动力、环境成本上涨，这些制造业转移到了周边中小城市，中心区呈现衰败；最后，20世纪80年代末以来，金融科技、"互联网+"等生产型服务业兴起，在大城市中心更加集聚，带动城市中心区复兴，并形成大城市为

中心、大中小城市协同、建立在轨道交通网络上的都市圈、城市群，这也是我们当前所处的城市发展浪潮。这就要求在都市圈、城市群建设上，交通一体化要先行，产业一体化作突破口，城市群一体化作为空间载体，然后推动市场、生态环境等全方位一体化，特别是把破解交通设施和教育、医疗等公共服务不均衡作为都市圈建设的“牛鼻子”和主体，而不只是视为配套服务。

南方日报：这对广东下一阶段的发展有何启示？

张国华：人在空间上的迁移、产业在空间上的变迁是决定一个区域未来发展的两股关键性力量。

如今，这两股力量的发展逻辑已经发生了根本的变化。工业文明时期，是人跟着产业走，建工业区建厂房，产业工人就跟着来了。在这个阶段，珠三角交出了一份让世界羡慕的答卷。但在绿色生态文明和知识经济时代，产业和资本跟着人才走，人才跟着公共服务和生态环境走，这也是我们强调生态文明建设、强调绿色发展的意义所在。

建世界级空海航运体系，积极参与全球资源配置

南方日报：2021年2月印发的《国家综合立体交通网规划纲要》提出，加强京津冀、长三角、粤港澳大湾区、成渝地区双城经济圈四极之间联系，建设综合性、多通道、立体化、大容量、快速化的交通主轴。广东“十四五”规划也提出，建设世界级综合交通枢纽，加快形成“12312”交通圈。

张国华：世界级的城市群，与其世界级空海航运体系是高度匹配的。尤其是机场为代表的航空网络，机场在世界航空网络处于什么样的位置，往往也就代表这个城市在世界城市网络里所处的位置。

从世界城市的排名来说，首先是伦敦和纽约，其次要关注亚太地区，北京、香港位置都很靠前。未来，广州、深圳和香港要进一步加强互动协同，借助已有的世界级机场、世界级港口，形成更加高效的世界级空海交通体系，提升在全球配置资源的能力。

南方日报：为什么资源配置如此重要？

张国华：今天的全球化进程虽然有一些曲折，但全球化趋势不可逆转，以机场、高铁、海港为代表的交通基础设施和以5G为代表的通信基础设施，二者协同是打破传统地理疆界的利器，是争夺资源要素的关键。

新的全球经济超级版图有这些特征：第一，谁掌握了跨国供应链，谁就能成为全球资源的组织者；第二，国家和地区的竞争和合作更多转变为以中心城市为主导的合作；第三，线下线上融合形成的创新功能区正在涌现；第四，开始出现在经济领域的影响力超过政府部门的世界级企业。

南方日报：这对广东意味着什么？

张国华：这四个特征在“十四五”期间甚至到2035年会更加凸显。对广东来说尤其要注意三个趋势。第一，生产性服务业正在制造业中全面分化；第二，每一次产业分化都带来了经济效率数量级的提升；第三，农业、工业能否转型升级都不取决于自身，而取决于有没有更高服务水平的金融、科技等专业化服务。

我建议，广东未来的产业布局可以分成三个方面。在农业上，有条件发展大规模农业的地区要构建智慧物流体系、智慧仓储体系，有机生态农业要以精准时效为特点的高效物流产业作支撑，高铁沿线的农业要跟文化旅游结合；在制造业上，广东未来的中高端产业集群要与高速公路网络、港口科技创新体系，按照绿色、智能的方向不断优化布局；在金融科技产业上，围绕机场、高铁、轨道、市郊铁路等交通枢纽，催生一批多层次、多网络的创新中心体系，支持粤港澳大湾区更好地参与全球合作。

南方日报：广东还需要做怎样的努力？

张国华：广东要打造新发展格局战略支点，一定要将粤港澳大湾区放在全球经济地理里筹划。

从全球贸易经济格局来看，第一次、第二次工业革命主要是围绕环大西洋经济圈，第三次、第四次工业革命的重心逐步转移到亚太地区。也正是在这种重心转移的过程中，珠三角逐步成为国内经济的领跑者。放眼未来，以传统工业革命为根基、更多依靠资源消耗的发展方式不可持续，必须走绿色生态发展的道路，并与“一带一路”沿线国家携手实现现代化。

粤港澳大湾区正处在环太平洋和环印度洋贸易圈的枢纽位置，在集聚创新要素、辐射带动周边上拥有极佳机遇。同时，还要在国内推动与海峡西岸、长三角、京津冀、长江中游、成渝等重要区域互动，提升战略支点价值。

刊于2021年5月19日《南方日报》，王彪　黄应来

4. 中国国际经济交流中心总经济师陈文玲：

发挥广东产业创新优势助力“双循环”

■陈文玲

打造新发展格局战略支点是广东“十四五”发展的重要内容，也在《广东省国民经济和社会发展第十四个五年规划和2035年远景目标纲要》（以下简称《规划纲要》）中被单列篇章。

“改革开放以来，广东一直是我国深度参与国际贸易和产业分工的重要省份，具有参与国际大循环的良好基础。”中国国际经济交流中心总经济师陈文玲认为，在新发展格局中，广东在构建现代产业体系等五个方面优势明显，“十四五”期间应在推动粤港澳大湾区标准、规则衔接，提升原始创新能力等方面重点突破，实现产业链的高级化、现代化，加快打造新发展格局战略支点。

角色重要：深度对接国家重大战略布局

南方日报：日前，《规划纲要》正式发布。您作为参与《规划纲要》制定并提出咨询建议的专家之一，如何评价五年发展规划在我国社会经济发展中的作用，对《规划纲要》有何评价？

陈文玲：五年发展规划是一个在原有发展基础上不断超越的进程，是我国进行社会主义现代化治理的重要手段。随着一个个五年计划、五年规划的实施，我国经济总量位居世界第二位，货物贸易总量、制造业总值世界第一，正在迈向金融大国、创新大国，而且我们的创新不是为了超越别人，是为了超越自己。

《规划纲要》的质量很高，充分体现立足新发展阶段、贯彻新发展理念、构建新发展格局的要求，对粤港澳大湾区建设、数字化、乡村振兴等重要领域都予以充分强调并作出全面具体的部署，对广东推进高质量发展具有重大指导意义，对其他省份谋划“十四五”发展也具有借鉴意义和参考价值。

南方日报：广东连续32年位居全国第一经济大省，2020年地区生产总值率先突破11万亿元，在遭受疫情冲击后实现与全国同步的经济复苏。在“十四五”期间，广东将在全国发展大局中扮演怎样的角色？

陈文玲：广东是改革开放的排头兵、先行地、实验区，一直在社会主义现代化建设中走在最前沿，在经济总量、贸易总量、税收总量、创新能力等方面始终走在全国前列，部分领域甚至处于世界前列。

面向“十四五”，一方面，广东提出了更高的发展目标，包括经济发展、现代产业体系、绿色生态体系，特别是在碳达峰、碳中和方面，广东可以作出新的更大贡献。

另一方面，正如《规划纲要》中提到的，广东将着眼于与国家重大战略布局相衔接，这个思路非常具有前瞻性、战略性。在对接京津冀、长江经济带、长三角一体化、黄河流域、海南自贸港等国家战略方面，与“一带一路”沿线国家的贸易交往中，广东都具有显著优势，发展空间和潜力巨大。

优势明显：五个体系建设走在全国前列

南方日报：在“双循环”新发展格局中，您认为广东有何优势？

陈文玲：改革开放以来，广东一直是我国深度参与国际贸易和产业分工的重要省份，具有参与国际大循环的良好基础。

例如，改革开放开始的10年，广东外贸曾占到全国的60%以上，随着全国各地陆续扩大开放，这一比例有所下降。但广东至今仍然是第一外贸大省，对全国经济发展具有强大的带动能力。广东绝大部分企业既做国际市场，也做国内市场，对“双循环”的理解，对去除“双循环”堵点的方法，都有丰富经验，对于开拓国际市场和国内市场形成双向对流、循环，都有重大作用。

具体来说，广东的发展优势突出体现在五个方面：第一，广东构建了现代产业体系，“十四五”期间广东产业体系更加现代化，产业链更加高级化；第二，广东已经构建了相对完善的现代市场体系，市场的成熟度和市场运行机制的健全程度走在全国前列；第三，广东构建了现代流通体系，比如已经举办了129届广交会，在国际上产生了很大影响，加上以中小企业为主、数量庞大的市场主体，拥有很强的市场流通能力，现代物流体系建设上也走在前列；第四，构建了绿色生态体系，广东作为全国经济体量最大的省份，“十三五”末的森林覆盖率就已经达到58.62%，到2025年还会进一步提升，这非常了不起，从生态修复到绿道建设、城市的绿色生态，使得广东在生态文明建设方面成绩突出；第五，广东在现代社会治理体系方面作出很多独特探索，包括社区建设、社区管理、各级听证制度等等。

南方日报：对广东打造新发展格局战略支点有何建议？

陈文玲：广东在“十四五”期间，可以博采众长，把全国各地区重要发展战略的思路，特别是具有原创性的制度设计、新的改革开放举措，大胆借鉴，为广东所用。

此外，广东还可以依托培育建设20个战略性产业集群，特别是战略性新兴产业集群，发挥在产业创新上的优势，与其他区域加强协同，形成产业链的互补、重构和升级，一方面避免产业的重复建设和盲目竞争，另一方面发挥不同区域的各自优势，在国内大循环中不断优化产业布局，实现产业链的高级化、现代化。在这些方面，广东都可以大有作为。

动能提升：以最优制度推动原始创新

南方日报：在打造新发展格局战略支点中，广东提出打造规则衔接示范地、内外循环链接地、科技产业创新策源地、高端要素集聚地、安全发展支撑地。如何评价这样的发展目标，未来会遇到哪些挑战？

陈文玲：广东提出这样的努力方向，不仅站位高、视角新、非常精练，而且也非常符合广东发展实际，实现这些目标后将打造出一个高质量发展的崭新广东。在实现过程中，广东一定会迎来更多机遇，同时也会面临不少挑战，对这些挑战的破解也将给广东带来新的发展动力。

第一个挑战是加快推进标准、规则衔接。粤港澳大湾区与其他国际一流湾区最大的不同就是“一国两制”，它涉及三个关税区、三种货币、三种法律制度，规则、标准的对接将是一个重要考验，只有做到这一点，人流、物流、信息流、资本流才能顺畅流动，粤港澳三地优势才能互补。

第二个挑战是如何提高原始创新能力。突破“卡脖子”技术，广东要成为创新的高地、人才的高地、知识的高地，就要承担这样的历史重任。例如，在产业创新方面，若干企业通过市场供需匹配形成产业集群，这些产业集群的升级发展，需要一批具有相当研发能力的企业群体和具备相应产业服务能力的企业群体，这就要求广东在创新机制上有新突破。

第三个挑战是如何创造一流水准的现代营商环境。香港在很多营商环境的国际评比中都位居世界前五，广东要积极借鉴香港经验，加大改革力度，在粤港澳大湾区打造具有同等高水平的一体化现代营商环境，形成具有世界一流营商环境的粤港澳大湾区。

第四个挑战是如何进一步优化空间布局。近年来，广东在这方面一直在大力推进，包括粤港澳大湾区建设和“一核一带一区”区域发展格局等，珠三角与粤东西北的发展差距呈现缩小趋势，下一步应该加强粤港澳大湾区的辐射带动，形成更高水平的比较优势叠加效应。

南方日报： *广东要如何应对这些挑战？*

陈文玲： 在标准、规则对接方面，其一，要梳理粤港澳三地各自优势，比如香港的营商环境，广州和深圳的产业集群，实现相互学习借鉴，充分发挥各方优势，实现加快发展；其二，要主动与国际最高标准对接，占据标准与规则的制高点；其三，要共同填补标准与规则的空白，特别是对于具有爆发式增长潜力的新技术、新基建、新商业模式，要面向未来创新制度设计。

在创新方面，第一，要支持具有创新能力的头部企业做大做强，鼓励这些企业增加对原始创新的科研投入；第二，要发挥高等院校、科研机构等创新“国家队”对于原始创新的重大战略支撑；第三，如《规划纲要》提到的，要引进科技领军人才，包括产业技术的领军人才，解决人才生活、工作的后顾之忧，还要创造引进人才、使用人才、留住人才，使人才发挥最大价值的最优制度，推动形成自主研发的原始创新成果，并转化为产业集群、产业链集群特别是未来产业的发展动能。

刊于2021年4月30日《南方日报》，王彪　隋明润（实习生）

5. 中国社科院数量经济与技术经济研究所数字经济研究室主任蔡跃洲：

广东发展工业互联网得天独厚

■蔡跃洲

数字时代呼啸而来。抢抓数字化发展先机，是我国“十四五”时期的重大布局。广东如何乘势而上？“广东有条件引领数字化发展。”中国社科院数量经济与技术经济研究所数字经济研究室主任蔡跃洲研究员接受南方日报专访时表示，广东有良好的数字产业基础，加之拥有一批优势制造业集群，产业配套完善，有集聚和协同效应，在工业互联网时代这些优势将会被进一步放大。

广东具备大量数字经济应用场景

南方日报：国家“十四五”规划和广东“十四五”规划都将“数字化发展”单列成章，这凸显了数字化发展的重要性，您怎么看？

蔡跃洲：“数字化发展”的重要性可以从三个方面来理解：第一，世界新一轮科技革命和产业变革是以新一代信息技术为主导的新技术体系来驱动的，代表了整个世界科技发展的大趋势。第二，“十四五”时期开启全面建设社会主义现代化国家新征程，必须实现高质量发展，我们要通过质量变革、效率变革、动力变革来提高全要素生产率，更好地满足人民群众日益增长的对美好生活的需要。而数字技术能够为高质量发展提供有力支撑。第三，在国际力量对比发生深刻变化和疫情全球蔓延相互叠加影响的背景下，我们要构建以国内大循环为主体、国内国际双循环相互促进的新发展格局，发展数字经济能帮助畅通经济大循环中的生产、分配、流通、消费各个环节，成为转型赋能，打通“堵点”的重要手段。从这三个方面来看，数字化发展的重要性越来越凸显了。

南方日报： *数字化对经济社会发展带来深刻影响，“十四五”期间，广东应如何抢抓数字化发展机遇？*

蔡跃洲： 数字经济是人类继农业经济、工业经济之后的第三种经济社会形态。数字经济的发展经历了信息互联网、消费互联网两个阶段，正在向工业互联网阶段全面迈进，目前处于工业互联网发展的前期。随着数字化发展深入推进，经济社会运行的模式将会进一步发生改变。比如信息传播习惯的改变，已经由信息互联网普及之前的纸媒、广播、电视等点对多模式转变为当下传播方和接受方交互的多对多模式。

当前，国际竞争格局正在发生重大变化。美国、欧盟、日本等都围绕数字经济出台了相应的发展战略计划，在这个领域大家都不想被落下。中国发展数字经济的最大优势在于有着超大规模的国内市场。从世纪之交的信息互联网开始，中国的数字经济快速发展，整体实力仅次于美国，在不少应用领域已经实现了赶超。

“十四五”发展数字经济，广东当仁不让要继续扮演排头兵、引领者的角色。深圳是数字经济创新发展试验区，产业创新能力突出。粤港澳大湾区有雄厚的制造业基础、完善的产业配套，产业集聚已经实现了溢出效应、协同效应，借助工业互联网有望将产业链上下游更为紧密地联系在一起，产业集聚的优势将会进一步被放大。广东省人口众多，人均地区生产总值高，经济体量大，在自身区域范围内就能够形成巨大的消费需求，进而衍生出很多数字技术应用场景。

工业互联网推进阻力大于消费互联网

南方日报：广东既是电子信息产业大省，具备数字产业化的良好基础，又有灯具、服装等众多传统制造产业，亟待数字化转型。广东在推动数字产业化与产业数字化上有哪些优势和挑战，应如何推进二者协同、融合发展？

蔡跃洲：广东有很好的数字产业基础，培育出华为、中兴、大疆等龙头企业。总体来说，广东省电子信息产业有着规模体量上的优势；在技术层面跟世界领先水平相比，已处于跟跑、并跑、领跑“三跑并存”状态，不少领域已经开始领跑。以腾讯为代表的互联网平台，以社交为切入点，在推动上一轮消费互联网发展上发挥了举足轻重的作用，目前腾讯也在全面介入工业互联网。诸如美的等制造业龙头企业，则在借助产品和市场优势来构造工业互联网，全力打造以制造商为主导的产业生态体系。

“十四五”时期加快数字化发展必须要大力发展工业互联网，但工业互联网跟消费互联网、信息互联网有很大的不同。首先，要转变信息互联网和消费互联网发展过程中形成的惯性思维。工业互联网不可能像消费互联网呈现快速膨胀的势头，这是由它的技术特性所决定的。工业互联网建设需要分行业推进，每一个具体行业、具体企业，其专属技术特征都是不一样的，进行数字化转型和改造有难度、有门槛。消费互联网，只需要做好供需双方的信息对接，解决支付、物流问题，应用场景总体比较简单。在工业生产制造领域，很多场景中都存在大量由工人长期经验积累形成的默会知识。有些经验只能意会不可言传，怎么样利用数字化技术将这些默会知识沉淀下来转化为编码知识，具有很大的挑战。困难主要体现在以下几个方面：

第一，技术层面存在障碍。从微观层面来看，转型需要信息技术和操作技术的融合，难度很大，需要有复合型人才，既要懂编程，又要懂操作。从宏观层面来看，我们在关键核心技术领域还受到很多制约，比如通用型的工业软件、工业操作系统，同高端芯片一样都存在“卡脖子”问题。

第二，数据安全问题比较突出。理想状况是采集的数据都放在云端，便于实现数据的交互、共享。但是，企业数据存在的安全问题比个人数据安全问题更突出。因为这些数据包含了企业的技术秘密、商业秘密。如果是一些关键企业，其数据还涉及国家安全。这就导致很大比例的企业对于将自身数据上云连接共享的意愿不足。另外，从国家安全的角度考虑，工业运行数据的大比例上云也要谨慎。

第三，资金问题制约企业转型。我们在广东、福建等地开展实地调研发现，对很多中小企业来讲，由于盈利能力较弱，难以承担数字化转型所需的巨大投入，而且投入后还不一定能直接带来效益提升。

从实证的角度，我们发现ICT（信息通信技术）对生产有正向促进作用，但大概有五年的滞后期，因为改造完成以后，工人要适应和学习，还有很多互补性的要素资产需要经过一段时间才能与之匹配磨合。

另外，发展工业互联网还要注意产业生态的健康发展问题。当主导企业具备对整个产业生态系统的控制能力以后，如何保证它能够不滥用自身优势地位侵害产业生态其他主体利益，维护整个生态系统的健康发展，这为行业监管部门也带来了新的挑战。

政府推动要以引导助力为主

南方日报：广东“十四五”规划提出，实施产业集群数字化转型，支持工业企业“上云上平台”，高标准建设国家工业互联网示范区。数字化

在提升产业链质量中可以发挥怎样的作用，政府和市场应如何协作？

蔡跃洲： 从理论上讲，数字化对于提升产业链质量肯定能发挥重要的支撑作用。通过数字技术的渗透，产业链供应链各个环节能够更好地进行衔接，从而促进产业循环的畅通，提高产业链供应链运行效率。构建新发展格局，就是要让产业链供应链涉及的生产、交换、流通各环节畅通起来。因为数字经济时代，整个社会运转是信息流引导物质流和资金流，信息畅通了，物质就会随之有序流转。

要充分发挥市场在资源配置中的决定性作用。政府部门的推动要以引导助力为主，实行普惠政策，通过市场化的方式用有限的资金撬动更多的资源项目，着力激发企业的主动性。

比如浙江省新昌市，当地特色产业是轴承加工和生产。当地有一家轴承生产设备供应商浙江陀曼精密机械有限公司，在工业互联网建设过程中华丽转身为中小企业智能制造解决方案服务提供商，形成了工业互联网建设的新昌模式，其主要措施包括：（1）新昌市政府出资500万元，陀曼公司拿出500万元的优惠额度，共同成立一个中小企业数字化改造免费体验基金，开展“百企改造”；（2）初期每个企业数字化改造的基本费用大约为20万元，全部由基金负担，接入平台后直接享受五个基础模块的免费服务；（3）陀曼公司只对接入企业提出的深度服务模块进行收费。接入企业生产数据上传云端后，实时分析预警，事前预防，过程监控，非常受用户欢迎。目前，陀曼公司的平台已接入1200多家企业，有8000多户活跃用户，其中，新昌市221家轴承生产企业均接入平台。客户企业95%为中小微企业，仅5%为大型企业，真正实现了赋能中小微制造企业，为客户提供全方位智能制造解决方案。

广东在推进工业互联网进程中要因地制宜，根据行业特点分类施策，要注重调动企业的积极性。广东省培育战略性新兴产业取得了很显著的成效，下一步要发挥现有的集群优势，配合国家实验室、省级实验室、大科学装置的建设，向最前端的核心环节进军，反哺基础研究。要做排头兵、引领者，就不能满足于现状，国家对广东的要求不止于此，广东应该向科技前沿的“无人区”突进。

刊于2021年4月29日《南方日报》，黄应来　王彪　林广豪（实习生）

6. 北京大学前科技开发部部长、前沿交叉学科研究院教授陈东敏：发挥改革开放优势，探索创新效益分享新机制

■陈东敏

近年来，创新对社会经济发展的作用日益凸显，《广东省国民经济和社会发展第十四个五年规划和2035年远景目标纲要》（以下简称《规划纲要》）将“实施创新驱动发展战略，加快建设创新强省”列在紧随“总体要求”后的第一章，提出促进创新链条有机融合和全面贯通，增强创新体系整体效能，建设具有全球影响力的科技和产业创新高地。

近年来，北京大学前科技开发部部长、前沿交叉学科研究院教授陈东敏，深度参与松山湖材料实验室与松山湖科学城的建设，对广东创新发展有着切身体会。“广东科研创新的总体态势很好，接连成立、建设了多批省级实验室，科研经费投入也排在中国前列。”陈东敏建议，广东要借助改革开放以来积累的改革经验，探索体制机制创新，组合各方创新资源和比较优势，锻造贯穿全产业流程的创新链。

破解创新主体难，让科研成果加速跑进市场

南方日报：《规划纲要》提出，到2025年，每万人口高价值发明专利拥有量达到20件，“十四五”期间全社会研发经费投入年均增长10%左

右。您如何看待这一目标？

陈东敏：广东经济发展到今天，产业升级转型特别是新兴产业发展需要更多的源头创新。近年来，广东接连成立、建设了多批省级实验室，包括广州再生医学与健康广东省实验室、佛山先进制造科学与技术广东省实验室，还有我担任常务副主任的松山湖材料实验室等，通过吸纳国内国际人才和研究项目，加强广东的源头创新。

广东科研创新的总体态势很好，承担国家科研项目总数与上海相当，仅次于北京，科研项目资金总额也排在各省份前列，但和国际上科研发达国家和地区相比，广东的研发投入强度还有进一步提升的空间，特别是省内不同区域发展存在不均衡，粤东西北仍以传统产业为主，今后可以结合当地生态、资源优势发展创新项目。

南方日报：基础研究薄弱、转化能力不强、人才资源不足是制约广东科技创新的痛点。《规划纲要》提出，争取在前沿新材料、生命科学、纳米制造、网络安全等领域新建一批国家重点实验室，争取建设一批基础学科研究中心和前沿科学交叉研究平台。这些研究往往投入大、风险高、周期长，应如何推进？

陈东敏：这些都是目前认为比较有机会实现市场化应用的前沿领域，但从投入到出成果仍可能需要10年、20年，甚至更久，广东现在开始布局，是谋长远的做法。

现在的关键，一是通过体制机制创新，打通创新链、产业链和金融链，把实验室成果真正推向市场。二是要破解创新主体的难题。创新成果转化做产品、做商品、做公司，到底是谁来做？现在很多政策鼓励科学家去创业，但科学家往往都是做前端研究，对产业化过程中的工程、管理、制造等环节并不擅长。

我们现在迫切需要摸清科研成果转化的规律，比如如何搭建创新转化团队，各成员如何分工，分别需要怎样的知识结构和能力……科研成果转移转化是一项高度复杂的系统工程，检验标准是能否让创新资源得到更有效的利用，让创新成果的转移、转化率更高。

南方日报：《规划纲要》提出，积极探索社会主义市场经济条件下关键核心技术攻关新型举国体制的广东路径。您认为，这样的“广东路径”应包含哪些内容？

陈东敏：今年我国在创新领域有一个提法，就是“揭榜挂帅”，提出一些重大问题，组织团队把这个问题攻下来。

过去很多时候，是先有科研方向，大家切分为不同模块分别研究，但是分头研究的成果往往最后无法组合形成真正有用的解决方案，导致技术链、创新链无法连贯。要实现双循环新发展格局，就必须在核心技术、核心材料、核心工业软件等方面实现国产替代，这就需要开展系统性的科研攻关。

还要认识到，新产品的规模化生产要交给企业，才能实现最高效率，关键是统筹资源，将产业创新的下游纳入科研成果的转化过程中。比如，松山湖实验室就在探索建设联合工程中心，最大的特点是大家不再围绕申请研究课题转，而是各方共同制定工程任务书，协同研究将创新型产品快速带到市场，这样可以让科学家专心投身科技研发，让产业各方在后续环节降低制造成本，从而形成较为理想的产学研合作模式。

在这过程中，我们还在探索用更灵活、更有激励作用的方式来鼓励科学家、工程师一起做转化，让创新成本在企业可接受范围内，同时也能充分调动科技工作者、工程人员的积极性。

破解科研人才难，让城市配套跟上生活需求

南方日报：在人才方面，《规划纲要》提出，制定战略性产业集群关键核心技术引才目录，精准引进海外高端人才和创新创业团队，推动优化完善大湾区境外高端人才和紧缺人才个人所得税优惠政策。您认为吸引创新人才的关键是什么？

陈东敏：科学家需要一个好的工作和生活环境。工作环境，最关键的就是实验设施，能够去实施想做的研究方向，这对他有很大的吸引力。当然，机构或企业还要有经费保障，在整体研究能力上要有竞争性。

现在，越来越多的实验室落在东莞、佛山、珠海、惠州等城市，它们要跟北上广深等所谓一线城市进行竞争，必须下更大力气完善住房、教育、医疗等城市功能，营造更好的生活环境。创新能走多远，关键是培育、引进多少青年科学家，他们才是未来创新的主力军，这个群体的收入相对比较高，对生活品质有一定追求，只靠提供住房是不够的。

南方日报：除了大力引进全球人才，加强人才培育是破解人才短板的另一重要途径。《规划纲要》提出，推进“高水平大学建设计划”，着力建设一批原始创新能力强的高峰学科，力争产出一批国际领先的重大原创性成果。

陈东敏：这种做法是对的，不可能所有人才都是从外面引进来。

一方面，人才不仅是科研创新人才，还包括科研管理人才，我们往往重技术轻管理，这对整个创新体系是不利的。此外，人文艺术人才也很重要，都要同步发展，才能形成可持续的发展模式。

另一方面，整个教育行业要尽快跟上我国发展的实际需求。比如，现在很多企业在推动数字化转型，但是找不到合适的工程人员进行技术开发，相关领域毕业生也无法“招之即用”，应该推动开展更多人才短期培

训，快速提升知识结构和能力，让他们能够适应新的工作需求。

破解创新带动难，让创新链重塑产业链

南方日报：城乡区域发展不平衡是广东高质量发展的最大短板，这也体现在创新能力上。广东区域创新能力连续四年全国居首，但创新要素高度集聚在广州、深圳等少数城市。您怎么看待这种情况？

陈东敏：创新不可能是“撒胡椒面”，而一定是基于产业链布局。产业链的龙头企业，在市场端发现需求，推动创新，就能带动后面的供应链企业跟进，从而形成创新聚集的态势。

对于更多城市来说，政府推动产业和创新发展，一定要融入更大的供应链、产业链系统，形成产业集群或工业体系，发挥比较优势，就不会出现同质化、恶性竞争。

南方日报：我们注意到随着技术创新的加速，对城市发展也提出更高的要求，对新兴领域要看得懂、把得准，才能把握发展机会。

陈东敏：建议有实力的城市，可以从一开始就奔着整个产业链做布局。过去很多城市都在建设产业园区，但是园区内部没有形成产业链上下游关系。

一个有韧性的可持续发展的产业集群，上下游企业、中小企业跟龙头企业都有稳定的协作关系。产业链要生存，关键是最终产品要好，比如汽车走向新能源、无人驾驶，就需要零部件公司提供更多创新产品。再比如，台积电一家企业可以在全球开设十几个工厂，关键就是公司的技术创新人才可以通过整体调配，有效解决各厂的技术问题，这就是统筹的力量。

刊于2021年5月17日《南方日报》，王彪　林广豪（实习生）

7. 中国国际经济交流中心产业规划部部长、研究员王福强：

横琴粤澳深度合作区有望形成国际化创新策源地

《横琴粤澳深度合作区建设总体方案》（以下简称“横琴方案”）于2021年9月发布，提出总面积约106平方公里的横琴岛“一线”和“二线”之间的海关监管区域为合作区实施范围。

■王福强

中国国际经济交流中心产业规划部部长、研究员王福强接受南方日报记者采访时表示：“横琴粤澳深度合作区（以下简称‘合作区’）是一项全新的探索，既没有先例可循，又没有简单照搬澳门自由港发展模式，既具备了澳门自由港的基本要素，又充分体现了中国特色，遵循社会主义制度，对珠海和横琴具有重大里程碑意义和划时代意义。”

发挥各自所长形成合力

南方日报：如何理解“横琴方案”的总体内容？

王福强：“横琴方案”是一项全局性、战略性、系统性和引领性改革，主要内容概括起来就是“1+4+4+N”。一条主线是促进澳门经济适度多元发展，四个定位是新平台、新空间、新示范、新高地，四大任务则是发展促进澳门经济适度多元的新产业、建设便利澳门居民生活就业的新家园、构建与澳门一体化高水平开放的新体系、健全粤澳共商共建共管共享的新体制，N是指对四大任务保障的多个政策突破。

南方日报：创新突破体现在哪些方面？

王福强：首先是管理体制的创新。这是一次重大的制度探索，方案提出的“健全粤澳共商共建共管共享的新体制”，是两种不同制度框架下开展深度合作的有效探索。选择这种新体制是基于前期粤澳双方合作的相关经验，并着眼于构建稳定合作关系的综合性考虑，是践行“一国两制”实践的新探索。

其次是管理模式的创新设计。在粤港澳大湾区建设领导小组领导下，粤澳双方联合组建合作区管理委员会，并实行双主任制，由广东省省长和澳门特别行政区行政长官共同担任，澳门特区委派一名常务副主任。这种合作架构可以有效地解决合作区主体平等性问题，解决利益保障问题，解决参与度问题，同时也能充分发挥合作区建设各方的特长，真正形成合力。

再者是法治保障的创新。在遵循宪法和澳门特别行政区基本法前提下，逐步构建民商事规则衔接澳门、接轨国际的制度体系。研究制定合作区条例，为合作区长远发展提供制度保障。以及用足用好珠海经济特区立法权，允许珠海立足合作区改革创新实践需要，根据授权对法律、行政法规、地方性法规作变通规定。

最后是针对“1+4+4+N”内容政策上的突破，在企业所得税、个人所得税、澳人澳税、金融方面的创新，30%加工增值进入内地免征关税、研究建设固网接入国际互联网的绿色通道、制定合作区市场准入清单措施等都是突破性极大的政策，同时对优化“分线管理”作出特殊安排，这些都是合作区重大创新政策。

四大产业竞相绽放

南方日报：为何将科技研发和高端制造产业列为合作区发展重点？

王福强：主要原因有两个。一是澳门拥有突出的科技创新优势和潜力，澳门大学、澳门科技大学的四大国家重点实验室均已落户横琴，集聚了一批国际性科研人才。

二是横琴有科技产业发展所需要的国际化营商环境，有国际人才认可的通关、税收政策，这些在全球都具有十分突出的优势和吸引力，发展潜力和想象空间非常大。以集成电路产业为例，横琴现有的重点集成电路企业，有的技术接近或达到国际先进水平，有的在行业内处于绝对领先地位。国际性科研人才和优越的营商环境，为科技研发和发展高端制造产业打下了坚实基础。

南方日报：在合作区发展的中医药产业有何优势？

王福强：中医药是中华民族的瑰宝，是中国传统传承的代名词。此次“横琴方案”在放开药品准入的基础上，进一步简化了药品在内地和大湾区的注册流程，为一些含有中医药成分的保健类食品，或者“药食同源”类产品进入合作区提供了很大发展空间，审批速度的提高意味着澳门审批新药能够快速面向内地市场，这些对于澳门中医药都是重大机遇。

另外，在澳门审批和注册、在合作区生产的中医药产品、食品和保健品，允许使用“澳门监造”“澳门监制”或“澳门设计”标志，也有利于充分发挥粤澳合作中医药科技产业园作用，促进澳门中医药等产业多元化发展，扶持澳门品牌中医药等商品更好地进入内地市场和国际市场，拓展产业发展空间。

南方日报：在文旅会展商贸、金融业这两类产业方面，合作区有何新机遇？

王福强：在文旅会展商贸产业方面，合作区在举办或承办国家级会展方面已经有很好的基础，未来有实力打造国家级的会展平台。一方面，横琴与澳门会展基础设施日益完善，会展接待能力显著增强。另一方面，澳门会展业发展水平高，国际化程度高，已成为亚太地区重要的会展之都，具备相当的国际竞争力。

以往内地人员赴澳门参加展会要解决多次往返问题，方案出台后，明确允许内地参展参会人员可办理多次出入境有效签证（注）通过横琴口岸多次往返澳门与合作区，可为内地参展参会人员在展会举办期间便利出入澳门提供支持，有利于强化两地会展合作，为澳门会展业发展打造更大空间和机会。

现代金融产业方面，合作区将进一步深化对澳门扩大开放服务领域，并根据澳门金融机构的实际情况，进一步降低澳门持牌金融机构进入合作区的门槛，将澳门的金融服务产业延伸至合作区内。此外，金融开放政策非常突出，特别是“非金融企业外债项下完全可兑换”政策，这是对于跨境金融管理的重大创新，促使横琴有望成为国际化金融融资中心。

形成对标国际的发展环境

南方日报：在国际贸易体系下，合作区优化实施的分线管理制度有什么亮点？

王福强：实施分线管理主体内容就是“一线放开、二线管住”。“一线”采取负面清单管理模式，将法律、行政法规规定不予免（保）税货物及物品之外的其余货物及物品全部免税放开，整体实现货物、物品开放水平与澳门趋同。

经合作区“二线”进入内地的免（保）税货物，原则上要征收关税、消费税和增值税，但是人员进出不受限制。这样从关税管理角度来说，会形成“境内关外”的管理体制，相当于在WTO框架下，中国将本国关税区的空间范围做了微调，把澳门的关税区适度扩大到横琴的范围上，内地关税区范围缩小。

扩大开放，放宽市场准入的政策支持，意味着合作区在营商环境方面，将通过进一步降低交易成本，实现与澳门乃至国际的人流、物流、资金流、信息流等生产要素流通的便捷自由。同时，可以形成与国际对标的发展环境，集聚全球高端创新资源，加快形成国际化创新策源地，进而有效支撑区域产业融合创新发展。

刊于2021年9月19日《南方日报》，吴枫　梁涵

8. 澳门大学校长宋永华：

发挥澳大独特优势，支持澳门新产业发展

■宋永华

2021年9月，中共中央、国务院印发《横琴粤澳深度合作区建设总体方案》（以下简称“横琴方案”），为澳门提供了新机遇和新空间，助推澳门新发展。澳门大学校长宋永华接受南方日报专访时表示，“横琴方案”中5次提及澳门大学，包括高标准建设产学研示范基地、加快建设与横琴口岸的专用通道、探索建设新型智能化口岸等，为澳门大学的发展带来了历史性机遇，令师生们备受鼓舞。

2021年恰逢澳门大学建校40周年。“有赖于横琴校区的落成，澳门大学近年来腾飞发展。”宋永华说，作为横琴粤澳深度合作区（以下简称“横琴合作区”）唯一的一所大学，站在新的历史起点，澳门大学要发挥在技术、人才、服务等方面的独特优势，支持澳门新产业的发展，为横琴合作区的建设作出应有贡献。

新产业应在粤澳产生协同效应

南方日报： 此次出台的“横琴方案”最大的亮点是什么？

宋永华： 我认为“横琴方案”中最大的亮点在于机制体制的创新，体

现了在“一国两制”实践中的新探索。包括在横琴合作区内，对货物、人员流动设置“一线”“二线”差别化管理；健全粤澳共商共建共管共享的新体制，合作区管理委员会实行双主任制等。体制机制决定了今后其他方面工作的创新。

南方日报：“横琴方案”将为澳门带来什么新变化？

宋永华：澳门在回归祖国后，经济上取得了翻天覆地的变化。但囿于地域和空间，产业较为单一。

建设横琴合作区的出发点是要促进澳门经济适度多元发展，支持澳门特区长期繁荣稳定发展。这就需要有空间，即总面积约106平方公里的横琴合作区；有多元化的产业布局，即“横琴方案”中提到的科技研发和高端制造产业、中医药、文旅会展商贸和现代金融产业。

如果这四方面的产业能在横琴推动粤澳产生协同效应，那么就有利于推动澳门经济适度多元发展，促进澳门融入国家发展大局。

为澳门大学带来更大空间更多便利

南方日报：“横琴方案”中有多处提及了澳门大学，将为澳门大学带来怎样的利好？

宋永华：方案中提及澳门大学的次数多达5次，这让我们师生感到非常鼓舞。澳门大学于2014年迁入横琴校区，成为横琴岛上唯一一所大学，同时我们也是澳门唯一一所国际化综合性公立大学。近年来，澳门大学的腾飞发展，有赖于新校区的落成，给我们的办学条件带来了质的飞跃。今年恰逢澳门大学建校40周年，“横琴方案”的出台，再次给澳门大学带来了历史性的发展机遇。

例如，“横琴方案”提到，探索在澳门大学横琴校区与合作区之间建设新型智能化口岸。澳门大学师生很期待，这将大大缩短我们从校园到口岸的距离至100米左右，便利程度可想而知。而新型智能化口岸的建设，将大大提高通关效率，我们师生未来或能刷脸或通过指纹认证进出校园与横琴，对大家的生活、学习、科研交流合作等都带来极大的便利。

目前，澳门大学有约1.25万名学生。按照我们的五年规划，未来学生人数要达到2万名，主要是扩展研究生、博士生的生源。如何为我们的师生提供更好的生活配套基础设施？横琴合作区是我们可以加以利用的空间。未来专用通道，甚至是新口岸建成后，我们希望把研究生、博士生宿舍建立在横琴合作区，满足学校发展的需求。

南方日报：“横琴方案”提出，支持珠海、澳门相关高校、科研机构在确保个人信息和重要数据安全的前提下，实现科学研究数据跨境互联互通。这将对高校的科学研究带来哪些好处？

宋永华：如今是数字化时代，核心就是数据。从个人的生活到政府的运转、产业的发展、科学的研究，都体现了数据带来的信息时代又一次革命。由于粤港澳三地在法律、信息、互联网系统、个人隐私的管理上存在差异，在过去，数据是相互隔离的。要打破“数据孤岛”，就要从政策、技术、应用上，探索数据的跨境互联互通，在确保个人信息和重要数据安全的前提下，让数据流动起来。

在人流、物流等方面，我们在不断开放。而数据流的开放是一件难度更大、更复杂，也更重要的事情。它不仅有助于加速我们科研成果的创新，而且还能促进经济社会的发展。

为此，澳门大学集聚力量成立了一个数据科学中心，开设了跨学科的硕士数据课程，从政策、法律、应用等方面，研究数据的互联互通。而横琴合作区的建立也给我们提供了一个很好的实验平台，让需求落地。

集聚高端创新资源推动成果转化

南方日报：“横琴方案”提出澳门大学要“高标准建设产学研示范基地”，将如何落实？

宋永华：科技研发和高端制造产业是澳门经济适度多元发展的其中一个方向。“横琴方案”提到，要高标准建设包括澳门大学在内的院校的产学研示范基地，构建技术创新与转化中心，推动横琴合作区打造粤港澳大湾区国际科技创新中心的重要支点。在这方面，澳门大学已经打下了一些基础，可以发挥我们的优势，通过科技创新来驱动产业发展。

澳门有4个国家重点实验室，其中有3个设立在澳门大学，包括中药质量研究国家重点实验室、智慧城市物联网国家重点实验室、模拟与混合信号超大规模集成电路国家重点实验室。我们在珠海横琴设立了澳门大学在大湾区的首个产学研示范基地——珠海澳大科技研究院，对科研成果进行转化。依托澳门大学3个国家重点实验室及优势学科院所的研究力量，基地在横琴建设5个研发中心，包括微电子、中医药、智慧城市、转化医学和先进材料领域，以及1个商务培训中心。过去一年，我们已经获得了88项科研资助项目，既有国家重点专项，也包括广东重点专项。

示范基地的建设与发展，会成为粤澳携手支持澳门融入国家发展大局、整合澳门与内地科技创新要素协同发展、集聚国际高端创新资源的科技创新合作枢纽，以及推动粤港澳大湾区产业技术转型升级的科技成果转化平台。我们会坚持“立足澳门、共建湾区、融入国家、走向世界”，一方面，按照“横琴方案”的部署，高水平建设产学研示范基地，更好地为横琴合作区的建设作出贡献；另一方面，希望借助横琴合作区建设的机遇，助力澳门大学发展成为国际公认的卓越大学。

刊于2021年9月18日《南方日报》，曾美玲

9. 中国（深圳）综合开发研究院院长樊纲：深港携手推动前沿技术产业化

■樊纲

《全面深化前海深港现代服务业合作区改革开放方案》（以下简称“前海方案”）于2021年9月发布，将前海合作区总面积由14.92平方公里扩展至120.56平方公里。

中国经济体制改革研究会副会长、中国（深圳）综合开发研究院院长樊纲认为，扩区后的前海拥有机场、港口、会展等丰富产业元素，产业合作前景全面打开，可注重深港联合，推动加快前沿技术和成果产业化。

加大制度型开放力度

南方日报：如何看待横琴、前海两个合作区建设的重要意义？

樊纲：当前，世界百年未有之大变局加速演进，中国共产党团结带领中国人民踏上了建设社会主义现代化强国、实现第二个百年奋斗目标新的赶考之路。而改革开放的重要经验之一就是从特区突破，通过各种先行先试，再向全国推广。

作为参与粤港澳大湾区建设的重要战略平台，前海和横琴分别毗邻香港和澳门，地理位置非常关键。同时，它们都在特区成长起来，血液中继承了特区精神和先行先试机制，闯出一条新路，可为全国提供新经验，为下阶段发展提供新动力和新方法。

要站在时代和国家发展战略高度去看待“双合作区”，横琴合作区侧重发展促进澳门经济适度多元的新产业，前海合作区侧重为香港经济社会发展和香港融入国家发展大局提供更多支持，这是国家在区域发展上的重大布局，是丰富“一国两制”实践的重大部署。

南方日报：“前海方案”提到要“推进与港澳规则衔接、机制对接”。

樊纲：这一点非常重要。前海区位独特，地处改革开放前沿，也是国内国际双循环相互促进的关键交汇点。加大制度型开放力度，做到主动开放甚至单边开放，是持续丰富“一国两制”实践的需要，也将进一步增强香港对国家的向心力。

结合香港的优势，前海可以在经济产业、社会民生等方面多与香港联动发展，与其规则衔接、机制对接，并用好香港的专业人才、金融市场和国际市场。同时，机制对接也是双方的、相互的，在内地跟港澳机制对接时，港澳也可以在规划和机制上与粤港澳大湾区、国家“十四五”等长期规划衔接对接，更好地利用国家提供的各种发展机遇。

扩区打开产业合作前景

南方日报：前海面积扩大后，将对未来的深港合作带来哪些可能？

樊纲：前海本身就位于广深港科技创新走廊的核心位置，范围扩大后，“海陆空铁”齐备，拥有了极佳的交通资源条件。特别是拥有了国际机场、港口码头、会展新城、海洋新城、保税区、制造业工厂等，产业元素丰富，可以说把整个产业合作前景打开了。

以海洋产业为例，扩区后的前海坐拥68公里海岸线。深圳和香港都是临海城市，都已布局了大量的海洋产业，今后在这个领域，深港合作就有了很大空间，可以联手发展海洋科技，加快建设现代海洋服务业集聚区。

南方日报：前海主打现代服务业，新纳入前海范围的区域产业形态与之不尽相同，两者可以如何衔接？

樊纲：产业发展是相辅相成的，每个产业不可能孤立存在，必须是多元有机体。现代服务业包含设计、物流、金融、管理、法律、会计等，科技和信息则属于高端服务业领域。扩区后，前海现代服务业会形成与其服务的如制造业、海洋产业、电子产业等密切相关的产业集群，会出现共同发展的局面。所以，对于宝安、南山部分纳入前海的区域，不要轻易将其中的工业园都转成商业写字楼，要保留一定的工业用地，重视园中园的规划建设，为产业留下发展空间。通过现代服务业的发展去带动战略性新兴产业的发展，尤其要注重联合香港，深耕人工智能、健康医疗、金融科技、智慧城市、物联网、能源新材料等领域，加快前沿技术产业化。

加强与港澳智库合作

南方日报：“前海方案”提到要“发展中国特色新型智库，建设粤港澳研究基地”，您如何看？

樊纲：中国特色新型智库是我国由大国向强国转型过程中的重要智力依托。大湾区是思想交流最活跃最密集的地区之一，适合智库落地生根、繁荣发展。智库是现代服务业的重要组成部分，也是专业服务业的高价值环节。前海可吸引集聚一批国家高端智库，开展国家宏观战略、区域经济产业、园区规划等综合性研究；加强与港澳智库合作，引入、培育一批港澳研究机构，针对港澳发展与融入国家发展战略的重大问题提出高质量政策建议；可吸引集聚一批科技智库，开展前沿性技术与产业研究和科技创新体制机制改革咨询。

刊于2021年9月16日《南方日报》，张玮　谢坤灵（实习生）

10. 中国社科院可持续发展研究中心秘书长王谋：
推动经济高质量增长与资源消耗脱钩

■王谋

碳达峰、碳中和成了热搜词。从能源行业到资本市场，从国家电网发布行动方案到国家将建立碳排放交易基金……这些话题备受热议，碳达峰、碳中和将是“十四五”期间乃至今后很长一段时间内的重要主题。

如何实现2030年碳达峰、2060年碳中和的国际承诺？政策如何解读，相关行业和市场将如何演进？2021年3月31日，南方日报记者专访了中国社科院可持续发展研究中心秘书长、中国政府联合国气候谈判代表团成员王谋。

占全球GDP75%的经济体开启碳中和

南方日报：中央财经委员会日前召开会议，提出“力争2030年前实现碳达峰，2060年前实现碳中和”，如何理解这一目标的行动力度呢？

王谋：“碳达峰”是指某个地区或行业年度二氧化碳排放量达到历史最高值，然后经历平台期进入持续下降的过程，是二氧化碳排放量由增转降的历史拐点，标志着碳排放与经济发展实现脱钩，达峰目标包括达峰年份和峰值。统计数据显示，中国2019年碳排放总量达98.25亿吨，占世界总量的28.8%；从过去五年的数据看，中国碳排放总量年均增速约为1.25%。随着中国居民收入水平持续提高和消费需求升级，人均能源消费水平和能源消费总量还会进一步提高。尽管面临诸多挑战，中国还是下定决心，在实现2020年碳排放强度下降目标基础上，进一步提出了在2030年前实现碳达峰、2060年前实现碳中和的新目标，并开始部署落实采取行动。

碳中和并不是要求绝对的净零排放，而是可以通过植树造林和一些积极的技术活动来抵消人类活动产生的二氧化碳，通过碳排放和碳去除达到平衡的效果。

碳中和是我国主动提出的愿景，不仅是对国际社会关注的积极回应，还能化被动为主动，从全球气候治理体系的“跟随者”转变为“引领者”，为有效落实《巴黎协定》注入了强大动力，有利于提升国际影响力。同时，也将深刻影响着我国社会经济各个方面。

南方日报：在全球绿色低碳转型大势不可逆转的背景之下，全球各个国家针对碳减排目标有达成哪些共识呢？

王谋：按照政府间气候变化组织（IPCC）的预测，到2100年全球平均温度将比工业革命之前的水平高1.5摄氏度至4.8摄氏度。如果不采取应对措施，按照现在的趋势，气候变化对人类社会经济的冲击将日益严重。碳减排、碳中和将给人类社会带来长远的收益。

目前，全球各个国家针对碳减排目标已达成一些共识。比如，美国政府换届后已重返气候变化《巴黎协定》，并寻求制定2050年实现碳中和的目标。据不完全统计，全球已有超过120个国家和地区提出了碳中和目标。其中，大部分计划在2050年实现，如欧盟、英国、加拿大、日本、新西兰、南非等。

在东北亚，日本和韩国宣布争取在2050年实现净零排放，中国也宣布争取在2060年实现碳中和目标。可见，全球重要的经济体，也就是占全球GDP75%、占全球碳排放量65%的国家开始碳中和。

2225家发电企业率先纳入履约

南方日报：中国作为仍处在工业化、城市化进程中的发展中国家，用不到40年时间完成从“碳达峰”到“碳中和”的巨大转轨，基本思路和主要举措有哪些？

王谋：我国目前的能源结构仍以化石能源为主，煤炭占我国能源结构比重超过60%。碳达峰、碳中和目标将加速我国能源转型和能源革命的进程，通过大幅提升能源利用效率和大力发展非化石能源，逐步摆脱对化石能源的依赖。

从“十四五”来看，规划对碳减排提出了一些明确的目标和部署。从一些相关指标具体而言，提出了单位GDP能耗要进一步降低13.5%，单位GDP碳排放要降低18%的目标。

同时，从供给端看，碳中和需要能源领域的电气化和新能源转型，电力转型更加紧迫。根据“十四五”规划，煤炭、石油、天然气等化石能源消费占比，须从2020年底的84.1%降低至80%；光伏、风电、水电、核电、地热、氢能等非化石能源消费占比，则从15.9%增加至20%。可见，已采取了更强有力措施提高绿色低碳能源的比重，推动中国经济增长与资源消耗脱钩，倒逼中国经济走向高质量发展道路，实现可持续发展。

南方日报：如何通过科学以及市场化手段推进碳达峰、碳中和？

王谋：碳排放达峰与能源消费达峰特别是化石能源消费达峰有密切关系，就值得以此为依据实施化石能源消费总量和碳排放总量控制、额度分配和相应的权益交易制度。

碳市场把碳排放权予以量化，形成排放额度或者配额，作为可交易的产品。2020年末，全国碳市场配额分配方案正式出台，标志着中国即将正式建立全国范围内的碳市场，2225家发电企业率先被纳入履约周期。同时，将逐步扩大市场覆盖行业范围，丰富交易品种和交易方式，有效发挥市场机制在控制温室气体排放、促进绿色低碳技术创新、引导气候投融资等方面发挥作用。

城市要带动人民和各产业参与脱碳化

南方日报：实现碳中和的关键，在于使占85%碳排放的化石能源实现向清洁能源的转变。2020年非化石能源占比约为16.4%，若要在2060年接近100%。那么，展望中国的能源结构、工业生产与消费方式，将会发生哪些巨变？

王谋：确实意味着煤电角色势必要发生根本变化，未来大力开发利用清洁能源是推进能源绿色化，实现低碳乃至零碳排放的主要途径之一。具体而言，可再生能源将成为电力系统的主力军，事实上，以风、光为代表的新能源发电，已经取得长足进展。我国风电、光伏累计装机规模均居世界首位，技术和企业竞争力也跃居世界前沿。截至2020年底，中国风电、光伏累计装机达5.3亿千瓦，占比24%。高比例新能源电力时代已拉开序幕。

在供给端，建设高度电气化的能源系统，提高电能终端消费占比，也是实现能源脱碳、提高能源利用效率的必经之路。

南方日报：中国城市如何支持地区和全球脱碳化？比如，经济发达的广州、深圳等城市，您对他们有哪些建言呢？

王谋：城市既是经济增长的引擎，又是温室气体排放的源泉。城市在能源、建筑标准、土地使用，一直到公共交通等所有领域作出的决策和投资，都与未来几十年的碳排放息息相关。城市具备了人才、资金、规模和影响力等必要条件，能够引领市场导向的绿色技术创新。因此，要实现各自的碳排放目标，需要持续采取行动。

以广州、深圳为例，日益壮大的现代服务业已取代制造业，跃升为第一大产业，可以帮助周边地区的高排放产业实现升级。可以带动人民和各产业参与脱碳化——比如，推广低碳做法，发展循环经济，拥抱绿色转型，这些都有助于城市实现自己的碳排放目标，等等。

刊于2021年4月1日《南方日报》，龙金光

11. 中国人民大学国家发展与战略研究院副院长许勤华：

大湾区可探索建立绿色科技金融交易中心

■许勤华

能源是经济发展的必需品，能源结构的改变也是经济发展不同阶段的重要参照物。

广东省“十四五”规划纲要提出，构建高质量绿色低碳能源保障体系，构建以新能源为主体的新型电力系统，同时还要加快能源科技革命，以技术创新驱动能源革命，打造沿海新能源产业带和省内差异布局的产业集聚区。

“广东很早就融入全球化发展的大海当中，知道世界经济的海潮往哪个方向走。”中国人民大学国家发展与战略研究院副院长许勤华教授长期跟踪研究绿色能源、绿色金融发展，她认为，广东应充分发挥在现代经济体系、科技创新、人才汇聚和国际化区位的多重优势，依托粤港澳大湾区，探索建立绿色科技金融交易中心，为全国绿色发展乃至全球绿色金融体系建设作出示范。

寻找绿色发展公约数，改革碳核查体系

南方日报： 碳达峰、碳中和是当下“热词”。我国提出力争2030年前实现碳达峰、2060年前实现碳中和的承诺有着怎样的时代背景和重要意义？

许勤华：我国对气候变化的态度有一个探索发展过程。2009年哥本哈根会议时期，更多强调“共同的但有区别的责任”原则。从全球看，新冠肺炎疫情让全世界很多国家和地区都疲于应对，这个时候无论是从构建“人类命运共同体”还是我国自身发展来看，生态文明、生态安全都至关重要，作出碳达峰、碳中和的承诺，是我国对国内国际发展主动承担历史责任的重要表现。

从全国看，“十四五”开启之年，我们面临的发展环境的复杂性和各种挑战的艰巨性，或许不亚于改革开放之初，更要保持极大的战略定性和耐心。我们的目标要非常明确，就是要跟全世界各国人民一起寻找和平与发展的最大公约数，就是应对气候变化，就是疫情以后的绿色经济复苏。全世界人民都想过环境更好、生活更好的日子，这是最大的民生。我们作出碳达峰碳中和的承诺是经过深思熟虑的，抓住了全世界人民共同利益的关键点。

南方日报：*从全球来看，我国在低碳绿色发展的体系建设方面处于怎样的水平？*

许勤华：和全球发达国家和地区相比，我国在碳计算方法、碳核查、碳金融等方面的准备还很不充分。比如，很多西方的碳核查方式将所有我国生产的商品都纳入计算，这是极不公平的，比如广东每年生产的商品很多都出口到全球，应该将碳排放更多体现在消费市场而不是生产地。

接下来，我们应更多地探索建立整套的碳排放计算、核查、交易方案。在碳交易方面，欧洲已经推进了很多年，全球碳排放交易额曾一度追赶上全球原油贸易总额，我们不应还单纯地做碳交易市场，而是整合起来，在国内探索建立绿色金融体系，未来有机会参与乃至引领全球绿色金融体系的建设。

主动应对挑战，推进新能源应用规模化

南方日报：广东省“十四五”规划纲要提出，单位地区生产总值能源消耗、单位地区生产总值二氧化碳排放的控制水平继续走在全国前列，有条件的地区率先实现碳达峰。如何看待这一目标？

许勤华：可从两个层面来看，其一，广东作为改革开放的排头兵、先行地、实验区，在贯彻绿色发展上依然要走在前面；其二，在降低能源消耗、率先实现碳达峰方面，广东有基础、有经验、有人才，是最需要也是最有条件作出示范型、引领式作用的省份之一，但也会受到很多的挑战。关键要依据广东现有的经济结构和经济基础。通常来说，碳达峰、碳中和最根本要解决的是能源问题，而能源问题恰恰也是广东亟待解决的关键问题之一，只有解决好可再生能源特别是新型可再生能源的发展，广东才能应对挑战，推动整体经济的可持续、高质量发展。

南方日报：这些挑战具体来自哪些方面？

许勤华：其一，广东省的资源禀赋特别是清洁化石燃料能源的资源禀赋严重不足；其二，作为全国第一经济大省，经济发展对能源的需求非常巨大；其三，广东每年吸引大量人口流入，对能源不断产生新的需求；其四，很多光伏和海上风电等企业都在广东布局，但从整体看，广东的可再生能源技术并不占显著优势，拥有领先核心技术的龙头企业还不多；其五，在保证地区能源安全的同时，还要注意发展环境可接纳的能源，亟待在新型可再生能源上取得技术突破，更要借助巨大能源市场加速技术成熟，并迅速实现规模化和商业化。

南方日报：广东在推动实现碳达峰方面有何优势，“十四五”期间要如何应对挑战、发挥优势？

许勤华：广东的最大优势就在于其已经建立起了相对完善的现代经济

体系。当前，发展清洁能源、可再生能源并不是孤立的能源问题，而是需要融入整个现代经济体系。全国和广东的“十四五”规划纲要都提出来，要构建现代能源体系，也就是说，要借助新能源技术，在各个经济领域实现“能源+”。在这个“+”中，广东就有很强的优势。比如说，广东的互联网技术、人工智能、5G通信技术，都可以使能源的发展插上现代科技的翅膀，变成可视化、可控化、可量化、可转化，这非常重要。

广东的科技创新动能强、人才汇聚动能强，区位优势显著，在沿海地区里，广东跟国际的接轨程度最深。

要抓住刚才所说的绿色发展公约数，广东具备最好的基础、占据最好的先机，有最强的嗅觉，应该做到“春江水暖鸭先知”。因为广东很早就融入全球化发展的大海当中，知道世界经济的海潮往哪个方向走。

“十四五”开端，广东在布局现代能源体系时，应充分认识到、发挥好自身优势，进而探索形成区域性现代能源发展模式，并对全国形成示范和引领。

发挥大湾区优势，以绿色金融助力绿色科技发展

南方日报：近年来，广东大力推进海上风电等新能源发展。广东省“十四五”规划纲要提出，大力发展海上风电、太阳能发电等可再生能源，促进海上风电实现平价上网。这些对广东推动绿色低碳、发展海洋经济有何意义？

许勤华：能源革命是个系统工程，是各个环节整合起来的链条式革命。发展海上风电及其他海洋新能源不仅有利于提升能源供给，还对加快绿色发展，推动实现碳达峰、碳中和的远景目标具有重要意义。一方面，海上风电应该成为广东绿色发展一个抓手，但我更倾向把风能、潮汐能

等可再生能源，包括各种海洋能源整合利用，作为“绿氢”放在氢能规划里。另一方面，在落实“十四五”规划中，广东应该将新能源和海洋经济的其他业态统一起来。“十四五”规划的设计和实施，不仅仅在于对五年内各个领域、各个部门的工作分别作出部署，更是我们在新发展阶段面对新的国内外环境，抓住新的发展机遇的全新突破，所以必须要有整体性的全链条式的战略思维。

南方日报：广东在绿色低碳上还可以做哪些突破？

许勤华：广东应充分发挥自身的人才优势、经济优势、区位优势，不仅解决广东自己的能源挑战，还要为全国作贡献。

全世界正在通过充分竞争形成一个绿色金融体系，我国在新兴领域的重要节点应该提前布局设计。比如，粤港澳大湾区可以把已有的绿色基础设施和绿色金融要素整合起来，探索建立绿色科技金融交易中心，作为全球绿色金融体系的重要节点，搭建起助力我国绿色科技发展的开发型融资平台。所有可以加速实现碳中和目标，有利于在绿色基建、绿色能源、绿色金融和绿色交通等领域巩固并发展供应链、产业链、数据链和人才链，推动落实生态文明建设的各项技术，都属于绿色科技的范畴，也都可以纳入这个中心的支持范围。

其中，要充分重视香港的作用。香港在新能源领域重视科技创新，有着与广东在各个层次充分对接的强烈兴趣。粤港澳大湾区还可以充分发挥香港的国际化营商环境和人才优势，特别是在国际金融上的专业化、技术化、标准化，以及被全球高度认可的金融安全性，共同建立氢能国际交易平台，用“拿来主义”积极参与全球绿色金融体系建设，不仅有助于解决广东对绿色能源的需求，还可以增强广东在全球绿色发展中的影响力。

刊于2021年5月6日《南方日报》，王彪　隋明润（实习生）

12. 广东省社科院副院长向晓梅：

借助强大制造能力，率先推动数字化转型

■向晓梅

2021年3月发布的国家“十四五”规划纲要将“加快数字化发展，建设数字中国”单独成篇，提出打造数字经济新优势，充分发挥海量数据和丰富应用场景优势，促进数字技术与实体经济深度融合，赋能传统产业转型升级，催生新产业、新业态、新模式，壮大经济发展新引擎。

广东作为国家数字经济创新发展试验区，近年来数字经济发展迅速，四家平台企业入选国家级跨行业、跨领域工业互联网平台，数量全国第一。根据规划，到2022年，全省数字经济增加值力争突破6万亿元，占地区生产总值比重超过50%。

“十四五”开局，广东作为全国首屈一指的制造大省，要如何谋划数字经济发展？

“广东已经建立了相对完整的工业体系，通过数字化对产业链进行全新改造，可以提升制造业竞争力再上新台阶。”广东省社会科学院副院长向晓梅在接受南方日报记者专访时表示，广东的数字经济更多要基于制造业基础来推进，产业数字化就显得极为重要。抓住制造业的数字化，就能牵引带动整个数字经济的发展。

抢抓工业4.0浪潮，广东竞争优势明显

南方日报：“十四五”规划纲要提出，推进产业数字化转型，推动数据赋能全产业链协同转型。广东在这方面进展如何？

向晓梅：广东制造业已经到了全速推进智能化、数字化的发展阶段。

经过改革开放40多年的发展，广东从加工贸易起步到发展重化工业、先进制造业和高新技术产业，建立了相对完整的工业体系，通过培育竞争优势推动工业化深化，大量产业从工业2.0发展到了工业3.0，部分向工业4.0也即智能化迈进——这在很大程度上要依靠产业链的数字化改造。

当前，适逢新产业革命勃兴之际，广东如果能抓住这个机遇，充分利用数字技术在制造业中的应用，推动数字经济与实体经济的深度融合，就能让广东整个制造业的竞争力得到大幅度的提升。

南方日报：广东要如何利用好这些优势？

向晓梅：对比其他地区，广东具有明显的产业集群优势，产业体系相对完整，上下游工业链也比较完善，更容易建设数字化的产业集群。广东的制造加工能力非常强，这特别体现在成本控制下的质量提升。以智能制造中的LED（发光二极管）行业为例，广东已经做到了全球规模最大、性价比最高。在这背后，是一大批广东企业对行业内的精细化生产非常熟悉，摸透了，做出来的东西又有市场，就越做越好。广东要做的是借助这种竞争优势，再通过数字化技术的引进，推动进一步整合资源，把整体的产业生态构建起来。工业化深化进行到中后期，就需要和服务业结合走向服务型制造。跟数字经济融合就是服务型制造的典范，可以依靠大数据等新技术做到大批量定制化生产。

值得欣喜的是珠三角地区在工业互联网和智能制造方面已经率先进行了很多探索，并且取得了一些成效，智能工厂开始涌现。

以数字化畅通供需循环，打造区域品牌

南方日报：对于“十四五”规划发展数字经济的目标，广东应从哪些方面推进？

向晓梅：广东应该将产业集群的数字化提到很高的地位。其一，通过数字化的公共服务平台来整合产业链、供应链；其二，提升中小企业数字化的能力和水平，让这些中小企业实现更低生产成本、更精准的市场识别和更快的市场反应能力；其三，通过打造区域品牌，实现区域品牌整体的数字化，使得整个区域的企业受益；其四，在工业园区搭建数字化平台来推动园区内的中小企业转型，借助园区专业性优势来促进数字化升级。

南方日报：广东提出培育建设10个战略性支柱产业和10个战略性新兴产业集群，二者的数字化转型有何不同？

向晓梅：支柱产业很多是传统优势产业，更重要的是利用电商平台来降低成本，通过消费市场信息的反馈来提升竞争力。这些产业要维持竞争力，最主要的就是要变，要按照消费者的习惯、方式精准化识别市场，做市场的跟踪，实现产品的质量提升、成本的降低。

战略性新兴产业的数字化更多的是在于技术的突破。技术突破之后可以通过数字经济把各种要素集合起来，通过这种市场反馈机制改进技术，达到技术层面的成熟和提升，降低成本就达到规模化生产。

虽然两种产业集群特点不同，但是数字化都是聚焦于信息反馈机制的建立，降低时间成本，本质通过数字化来提供生产端和消费端的海量信息互换。数字化平台公司就是因为有海量数据，可以在中间起一个生产端到消费端的连接作用，提升竞争力。这是广东制造业很重要的一个契机，抓住这个契机，广东就能真正成为制造强省。

培养智能化生产指挥者，走向服务型制造

南方日报：除了产业发展，如何更好发挥政府作用也备受关注。

向晓梅：这是当然，政府的引导作用也非常关键。首先，政府要深入了解产业发展的最新趋势，及时出台法规、政策，对新业态、新兴产业加强规范，更重要的是在实施过程中，要及时跟进新兴产业和产业数字化转型过程中的新情况、新问题，不断更新调整。第二，政府应对现有工业互联网平台提供更大支持，让这些平台更好连接生产、消费两端，推动产业集群数字化。第三，在高新技术园区等发展中，要将数字化改造作为园区建设的重要考核指标，推动平台、园区内企业实现数字化。最后，还要充分利用好技术改造的资金。除了常规的更新设备，要将数字化改造的项目纳入其中，鼓励更多企业投身数字化改造。

南方日报：每一次技术革命都会对社会经济各方面带来长久影响。展望“十四五”，数字经济将给广东带来什么新变化？

向晓梅：全社会所有可以数字化的要素，都在数字化，这是一场真正的技术革命。在生产力方面，数据日益成为基础性资源，算力、算法变得非常重要，通过数据就能改变整个生产的流程，而不仅仅是具体的某项工艺技术。另一方面，数字化还带来生产关系的改变。智能工厂用人数量大幅降低，但生产效率更高了。人对机器不是简单的手工操作，而是成为智能化控制终端的指挥者，生产环节基本或全部实现自动化，这对工人的受教育程度和技能水平提出更高要求。对于广东来说，应该抓住这个契机，让广东的制造业上一个新台阶，实现从传统制造向服务型、智能化制造的转型升级。

刊于2021年3月23日《南方日报》，王彪　彭琳　隋明润（实习生）

附录二
高端对话

1. 美的集团董事长兼总裁方洪波：

将数字化经验化为系统性方案，带动全产业链转型

■方洪波

2021年9月16—17日，中国质量（杭州）大会在杭州召开。大会开幕式现场对第四届中国质量奖获奖组织和个人进行了颁奖表彰。广东5个组织和个人荣获第四届中国质量奖及提名奖。其中，美的集团股份有限公司的“5全5数”智能质量管理模式荣获第四届中国质量奖，这是广东优秀组织的先进质量管理模式连续三届获得中国质量奖表彰。

获得中国质量奖有何秘诀？智能质量管理模式将给企业带来什么？如何赋能行业转型升级？南方日报专访美的集团董事长兼总裁方洪波。

从传统的企业质量管理向智能质量管理转变

南方日报：美的集团是第四届中国质量奖获得者中唯一一家广东企业。获得这项荣誉有何感受？能否介绍一下美的基于“5全5数”智能质量管理模式？

方洪波：这次参加中国质量奖评选的过程对美的来说又是一次学习的过程。美的一直紧跟国家质量强国战略，推动企业质量发展。这一次获奖对我们也是很大的鞭策和鼓励，但对质量的追求是永无止境的，这对我们

来说也是一个新的起点。

美的这次获奖的是基于“5全5数”的美的智能质量管理模式。通俗一点讲，就是实现从传统的企业质量管理向智能质量管理的飞跃，把可能出现的质量问题杜绝在生产甚至是策划阶段。

“5全5数”是该模式的支撑。“5全”强调战略思想，突出全球视野和全价值链管理，满足全球市场外在需求，包括全球用户共创、全球平台群开发、全价值链T+3运营、全球联合管理、全系统632；“5数”是管理手段和方法，通过数字化智能化提升运营质量，包括数智企划、数智研发、数智制造、数智营销、数智服务。

智能质量管理的智能分析、智能预警、智能管控、智能预测和智能决策是该模式的核心。以满足用户需求为中心，从企划、研发、制造、营销、服务的全流程数智化变革，实现端到端全场景数据驱动的数智化运营体系，向全面数智化高质量转型。

质量是企业的生命、创新的基石

南方日报：美的如何理解质量的意义和作用？

方洪波：质量是一家企业的生命，是企业创新的基石，而且质量的内涵也是与时俱进的，质量的管理牵扯到企业的全价值链。美的经过53年的不断实践和探索，从关注基本需求的质量要求，现已延展至面向全球的智能质量管理。

当你为用户提供一个好的，甚至超越他预期的产品，你就能紧紧地抓住他们，让他们变成忠诚的用户，成为粉丝，或者叫私域流量，这就是美的未来发展持续的基础。所以归根结底一句话，你为用户提供了他满意的或者需要的产品、服务，这就是质量管理的核心，这一点抓住了，企业发展的持续性就能得到保证。

打造数字产业链　赋能中小企业

南方日报： 作为质量标杆，美的如何对中小企业赋能，带动助力中小企业质量提升？

方洪波： 基于“5全5数”的智能质量管理模式是可以被复制、推广的。中国质量奖评奖的初衷就是，要把这么多年来中国作为世界第一制造大国所探索出来的一些具有中国特色的方法和模式进行总结与推广。所以中国质量奖并不是评价某个产品或者是企业某些方面质量好，更看重的是质量的管理模式。

美的在质量管理方面经历过一个漫长的道路。在2010年前，我们主要抓的是符合性质量。假设是一个空调，它只需符合国家各种规范安全标准、基本需求即可。后来企业做大了，我们觉得这样不行，要追求可靠性、体验式的质量，要超越竞争对手，甚至是超越国家标准。大概在2018年，我们就进入一个新阶段，广泛应用智能质量管理模式。

在这样一个阶段当中，对内，我们在美的全球34个工厂基地进行摸索，进行推广复制；对外，我们把这些模式向上游的供应商、向我们的合作伙伴推广，实现跨企业协作，构建互利共赢生态。

美的2012年正式启动数字化转型，经过3—4年的探索开始走向成熟，2016年美云智数正式成立，美的开始将自己在数字化方面的经验整合成系统化、模块化的解决方案，正式对外输出。

美云智数为企业提供全价值链云服务以及“5G+互联网”解决方案，助推中国制造企业数字化发展，已服务40多个细分行业300多家企业客户。美的旗下5A级综合智慧物流企业安得智联，为2000多家企业提供智能物流服务，带动行业提效降本，实现智能低碳发展。

经过美的数字化赋能，海欣光电科技等上游工厂生产效率提升了20%，同时实现了与下游企业在云端的数据联通。通过对接上下游5000多家供应商的生产、库存、物流等数据，打造一条数字产业链，带动上下游企业加快数字化转型。

刊于2021年9月16日《南方日报》，宾红霞　昌道励　王一舒（实习生）

2. 格力电器董事长董明珠：
质量实打实，消费者的口碑才是真正的质量

■董明珠

2021年9月16—17日，中国质量（杭州）大会在杭州召开。16日，大会开幕式现场对第四届中国质量奖获奖组织和个人进行了颁奖表彰。广东5个组织和个人荣获第四届中国质量奖及提名奖。其中，珠海格力电器股份有限公司董事长兼总裁董明珠获得个人提名奖，这也是广东质量领域首次获得该奖项的个人。背后有何秘诀？南方日报记者专访了董明珠。

“人人都是质检员”

南方日报：2018年，格力曾获得第三届中国质量奖正奖。这次是您个人获得中国质量奖提名奖，两次获奖感受有何不一样？怎么理解质量？

董明珠：获奖对于格力来说不是什么新鲜事了。2018年，格力获得中国质量奖，这次我个人获得中国质量奖提名奖，可以说是对我们的“双重认可”。

对格力来说，质量是实打实的，消费者的口碑才是真正的质量。我们把质量理解为生命，一个是消费者的生命，一个是企业的生命。没有消费者就没有企业质量，所以企业要对消费者的生命格外关注，产品一定要达

到质量标准，要把消费者的体验感、使用感、安全感作为重中之重的质量考核指标。

2012年，我提出全员质量体系理念，“人人都是质检员”，我们9万格力人都要以一种“互相挑刺”的精神来完成我们的生产过程。我认为做企业和做人一样，遵守国家标准只是一个底线，我们要追求更严格的标准。接下来我们也会继续在研发、生产的过程当中仔细打磨产品质量，把关好每一个环节，对消费者负责。同时，随着我们智能装备的发展，自动化设备也逐渐参与到生产环节当中，工艺的精度更加严密，质量更容易把控。

从1995年到现在，格力空调在消费者中的口碑都是首屈一指的，我们从2006年实现6年免费保修，到2010年实施2年包换，到今天我们提出10年免费保修，也就是说你买了格力的空调就可以终身不用担心。这对我们来说也是一个挑战，因为承诺了10年免费保修就意味着质量一定要好。

完美质量有起点无终点，有标准无止境。格力这么多年一直坚持打造一个品质一流的中国企业，这次获奖是我们的又一个起点，未来格力电器会继续高标准、严要求，勇攀质量高峰，让世界爱上中国造。

依靠科技建立新的质量标准

南方日报：推动高质量发展，高标准引领是关键。请问格力在引领行业标准方面有何经验做法？对外输出了哪些标准？

董明珠：标准可以从两个方面理解。首先是产品的质量标准，以前在家电行业几乎没有“标准”的概念，我认为标准就是要以消费者满意为标准，国家和国际的标准只是说产品可以拿到市场上卖，我们需要有更高的标准。格力电器始终坚持“消费者第一”的理念，把国家标准、国际标准作为门槛，以消费者的需求为最高标准，以为消费者带来更美好的生活为目标，不断进行标准创新，进而带动整个行业标准变化。2020年初，由中国标准化研究院、格力电器等12家单位共同起草的《质量管理基于顾客需求引领的创新循环指南》成为国家标准，为行业发展树立标杆。

第二个方面是要建立行业领域新的标准。比如说“双碳”时代，我们要靠科技来制定新的标准。比如说格力的零碳源空调技术，应用我们的技术，一家可能原本需要生产一年所需要耗电40亿元的企业可以完全免去这个成本，这就是我们在新的领域创新来制定的具有引领性的标准。

随着中国制造逐渐发展壮大，水平越来越高，我们更要积极参与标准制定，提升国际市场上的话语权，以中国标准替代国际标准。

南方日报：下一步如何提升质量？

董明珠：企业的技术和标准是不断创新的。比如说我之前提到我们实现了从6年保修到现在的10年保修，就是我们不断改变自己，永不满足、永不止步的表现。如果我们还停留在6年保修，我们的机器和企业是不会再提高的。我们要真正做到完美，比如说从千分之一的维修率到万分之一的维修率，这就是一个跨越、一个成长。我们要追求百分百的品质保证，目前所做的工作还是远远不够的。

刊于2021年9月16日《南方日报》，宾红霞　昌道励　倪静娴（实习生）

3. 工业富联董事长李军旗：数字化转型包含智能制造和工业互联网

■李军旗

制造业数字化转型是大势所趋。作为我国15家国家级工业互联网双跨平台之一，富士康工业互联网股份有限公司（以下简称“工业富联”）如何理解制造业数字化转型？又如何推动中小企业“上云用云”？

日前，工业富联董事长李军旗接受了南方日报独家专访。在他看来，数字化转型可以通过两个维度来实现，一个是智能制造，一个是工业互联网。尤其是疫情之后，数字化转型是制造业高质量发展的大势所趋。

他指出，广东制造业在基础零部件、基础材料、基础技术等方面比较薄弱。有两种策略可以补齐短板：一种是自上而下的创新，比如通过改革机制体制来突破；另外一种就是通过市场驱动，让有条件的企业解决各自行业里“卡脖子”的问题。

数字化转型是制造业高质量发展大势所趋

南方日报：作为数字化转型的实践者，工业富联如何理解制造业数字化转型？

李军旗：数字化转型可以通过两个维度来实现：一个维度是智能制造，从传统制造到精密制造，再到智能制造，从而实现制造过程的可感知、可预测、可控制，无忧生产；另外一个维度是工业互联网，供应链实现互联互通，整个产业链高效运转，达到提质增效、降本减存的目的。

其中，智能制造可以被总结为三个“可”，即可感知、可预测和可控制。通过算法、大数据和人工智能等技术优化生产过程，降低不良率，实现无忧生产，这是智能制造所要达到的第一个目标。另外是制造经验的数字化传承，以前我们培养一个有经验的工程师，至少需要10年时间，现在通过人工智能等技术可以实现制造经验知识的传承。

而工业互联网则是对制造全流程的优化。把整个产品从原材料、制造过程到客户需求连接到互联网上，就会形成工业互联网。工业互联网将供应链快速打通，实现整个产业链的互惠互通，最后做到整个资源的优化配置。

南方日报：目前，工业富联参与打造了多座“灯塔工厂”，在数字化转型过程中发挥什么作用？

李军旗：相比较其他工厂，“灯塔工厂”能够做到24小时无忧生产中高端的产品，是高端制造的一个技术系统集成。我们把这种模式总结出来，在其他的行业也可以普及推广，形成有示范作用的解决方案。

之前提到，数字化转型包含智能制造和工业互联网两个维度。智能制造的代表形式就是无忧生产的“灯塔工厂”，工业互联网则是把很多的“灯塔工厂”连接起来，实现整个产业链的互联互通。总的来说，“灯塔工厂”是一个引领性的、面向未来的工厂。

工业富联希望联合行业龙头伙伴，通过打造“灯塔工厂”，让中国制造走向世界。比如，我们的客户中信戴卡，已经成功入选全球汽车轮毂行业首座“灯塔工厂”。

粤港澳大湾区有望成为全球产业集群引领者

南方日报：作为双跨平台企业，工业富联如何帮助中小企业转型？如何看待粤港澳大湾区的制造业数字化转型？

李军旗：对中小企业，我们首先要找到它的痛点，例如缺订单、缺技术等。其次，通过工业互联网上的专业云为中小企业提供科技服务，保证它们的生存，而不需要将整个工厂进行智能化转型。

比如，2020年工业富联把刀具的设计、制造工艺变成一个App放在平台上，让中小企业能够通过专业云来获取它们所需要的知识经验，实现设计经验共享。当它们做出的产品能满足要求时，我们下订单给它们。去年，约30家中小企业通过这种方式获得了近3亿元的订单。

在粤港澳大湾区，数字化转型的区域优势明显：香港的金融优势、深圳的科创实力、佛山以及广州的高端制造，这些区域优势集合起来可以打造高端制造业的产业集群。既有制造业回流的高端制造，又有突破核心技术的科技创新，还有国际金融中心，这样大湾区就有机会成为全球产业集群的引领者。

南方日报：目前广东制造业数字化转型有哪些不足？如何补足短板？

李军旗：目前，广东制造业在基础零部件、基础材料、基础技术等方面比较薄弱。我认为，有两种策略可以补齐短板：一种是自上而下的创新策略，比如说像半导体芯片等技术突破，需要新型举国体制来突破，不能单靠一家企业；另外一种就是通过市场驱动，在必要时通过市场的机制，甚至资本的力量去牵引，让有条件的企业解决各自行业里“卡脖子”的问题，通过龙头企业带动中小企业形成良性循环的生态圈。

刊于2021年11月2日《南方日报》，宾红霞　倪静娴（实习生）

4. 腾讯云智能制造总经理梁定安：制造业数字化转型是必选题

■梁定安

在产业互联网的赛道上，腾讯是一个新入者。此前，工信部发布的15家国家级工业互联网双跨（跨行业、跨领域）平台名单，腾讯是广东省唯一一家入围的互联网企业。

近日，腾讯云智能制造总经理梁定安接受南方日报记者专访时表示，非制造产业出身的腾讯，自信来源于消费互联网领域积累的丰富经验，能给上下游企业带来更多“化学反应”。“在制造业新基建的重大命题下，腾讯希望发挥连接器的作用打造一个开放的生态。”

腾讯扮演好“创新加速器”的角色

南方日报：与其他双跨平台相比，腾讯的竞争力是什么？

梁定安：首先，腾讯在消费互联网领域积累了很多人与人、人与互联网服务的连接能力，这些能力在产业互联网赛道同样适用，制造企业更强调信息流的连接、设备与设备的连接。双跨平台助力企业线下数据在线化，再走向制造智能化。其次，腾讯定位为数字化助手。企业数字化转型分成研、产、供、销、服五部分。在此过程中，腾讯积极构建一个开放的生态，通过自身的数字化能力，让更多生态伙伴包括软件企业、数字化转型服务商等，都参与到产业互联网中国新基建的建设中。

南方日报：如何吸引生态伙伴加入？

梁定安：我们会扮演好“创新加速器”的角色，将创新技术应用到传统行业，将AI人工智能等技术赋能工厂生产。比如，苹果手机供应商富驰高科，每天要生产很多手机配件，以前该企业一家工厂需要配置1500多名质检人员，每检测一个产品平均花费1—2分钟，差错率还高。后来腾讯和该公司共同引入工业AI光学设备，一个产品检测只需几秒钟，大大提高了效率。

企业数字化转型有三个原动力

南方日报：很多传统企业数字化转型的意愿不高，如何驱动转型？

梁定安：企业数字化转型的原动力无非在这几方面：一是可增强企业在垂直赛道的核心竞争力；二是改善经营，让企业销售做得更好，成本管理得更好；三是通过对现有业务改革创造出一种新的商业模式。

南方日报：有些企业觉得数字化难以计算投入产出比？

梁定安：制造型企业的数字化转型不是一个选择题，它是不得不面对的必选题，只是从什么时候开始，从哪个环节先开始。20年前，有跨国企业与中国企业合作，条件之一是必须使用国际化的ERP来管理公司。当时，有些中国企业在国际服务商企业帮助下，进行一系列信息化系统改革，并从中获得全球销售的红利。今天同样如此。中国企业必须数字化转型，才能参与全球供应链。

举个例子，深圳有家世界500强的头部企业，将数字化转型列为集团的战略目标，全面拥抱数字化。每年，企业投入很多预算进行数字化建设和创新探索。其实，即使企业不做数字化，各项业务都能运转。为何还要这么做？因为如果自己不做，竞争对手做了，有可能会失去很多可能性。巨人不会一下就倒下，它是在慢慢落后进而走向衰亡。

南方日报：很多中小企业在财力和人力等方面都难以支撑数字化转型，怎么办？

梁定安：对于头部企业，我们会为其量身定做数字化转型的解决方案；对于中小企业，我们也积极承担“国家队”双跨平台的责任，联合地方政府构建工业互联网的公共服务平台，向不同区域的产业集群赋能，提升当地产业链的数字化水平。

在调研中，我们也发现大部分中小企业在数字化转型中遇到的问题较多，不知道需要配备什么样的组织架构来应用数字化技术，甚至不清楚哪些数字化技术符合自己发展的诉求，等等。针对这些问题，我们帮助企业们制定了渠道策略，在生态伙伴里甄选部分适合当地产业集群特色的企业进行推广，也与当地政府联合给予一系列补贴，让企业用更低的成本享受数字化解决方案的红利。

广东制造业数字化转型走在全国前列

南方日报：结合企业自身发展，你们认为广东制造业数字化转型情况如何？

梁定安：广东制造业发展蓬勃，比如家电家居等产业在全国乃至全球都处于领先地位。广东各行各业数字化发展的程度不一样，越靠近消费市场且大规模生产的行业，智能化水平更高。身处粤港澳大湾区的企业率先积极拥抱数字化变革，我们也很容易在这里找到共鸣。

另外，大湾区企业也特别愿意发挥标杆示范的引领作用，这片土壤上诞生了“灯塔工厂”等标杆项目。今年，腾讯牵头成立工业互联网委员会，起草相关行业标准，这些都彰显了大湾区的产业特色。

南方日报： 广东规划未来5年推动100万家企业“上云用云”，这对于双跨平台来说，有哪些机遇和挑战呢？

梁定安： 我们特别兴奋，正在摩拳擦掌构建自己的能力。在广东制造业数字化转型的浪潮中，腾讯肯定不会缺席，我们从组织架构、投资、科技等方面都做好了准备。

随着用户市场增长，企业服务商市场也在增长。现在，包括腾讯在内的双跨平台企业都希望把原来仅服务于集团的数字化能力赋能整个产业，这将产生“链条式”反应。广东制造业“十四五”规划，会让更多企业享受到数字化发展的红利。

刊于2021年10月27日《南方日报》，欧志葵　王一舒（实习生）

5. 粤芯半导体副总裁李海明：补齐芯片制造短板，跨领域创业机遇多

■李海明

粤芯半导体是广东本土自主创新企业，也是目前粤港澳大湾区唯一进入量产的12英寸晶圆制造企业，目前正在推进二期项目建设。该工厂也是补齐广东芯片制造短板的关键一环。

日前，粤芯半导体副总裁李海明接受记者专访时表示，芯片推动工业不断向着智能化发展，已经成为工业升级的“粮食”。他建议，粤港澳大湾区接下来要加强人才培育和引进，逐步补齐半导体制造、设计的短板，在关键技术研发和跨产业应用上实现突破。

芯片产业迎来甜蜜期

南方日报：近段时间全球缺“芯”，有人认为这属于“高峰—衰退—复苏—高峰”的“硅周期”，也有人认为芯片在全球范围的结构性短缺将成为常态，您怎么看？

李海明：一方面疫情对芯片产能有所影响，另一方面5G、人工智能等新的芯片应用市场蓬勃发展带来需求大增，导致了全球芯片供不应求。各地芯片企业都在享受真实需求不断增长的行业甜蜜期。我认为这会持续较

长时间，因为不仅芯片的应用需求在增加，国内政策也在提供支持。

南方日报：在粤芯半导体二期项目融资中，广汽资本等机构联合参与，未来粤芯将如何与这些机构深度合作？

李海明：面对这么多市场机会，粤芯还是要一步一步走。比如，汽车电子非常强调高可靠度和安全性，目前粤芯的产品与这个要求还有距离。对此，我们已经制定了明确规划，未来将依托自主技术通过汽车产品质量验证，具备生产汽车电子产品的条件。

补足30万人才缺口

南方日报：在全球芯片产业链中，中国处于怎样的水平？

李海明：从产业链看，芯片的设计制造、封装测试，再到终端应用，层层相扣。其中最重要的推动力在制造，有了制造，才有办法真正支持相关的设计、应用等其他产业环节。国内也涌现了一批有实力的制造企业，但和国际一流企业相比，在技术上还有落差。粤芯专门做模拟芯片，与国际水平有5年以上的工艺落差。但这在今天并不是特别紧迫，因为这种落差只体现在最顶尖的少数应用和产品开发上，对于八成左右的市场需求，包括图像、电源管理、传感器等，我们是可以满足的。

在设计环节，国内已经有很多很好的设计公司，但是在设计软件等方面还受制于人，这些都属于整个产业配套的问题，需要逐步攻克。

南方日报：我们还需要做哪些功课？

李海明：要补齐半导体制造、设计的短板，关键就在人才。一般认为，国内半导体产业的人才缺口在30万到40万，如果没有足够的人才储备去积累经验、开发技术、拓展经营，就没有办法真正享受国内巨大的市场机会。

要让半导体成为国内的优势产业，让芯片研发成为学术上的“显学”，需要5年、10年乃至数十年的持续努力。在产业链里面，不仅需要企业，还需要高校，不断强化自主研发，通过对技术壁垒的突破拓展，与全球开放合作，才能实现半导体产业发展的良性循环。

跨产业创新有更多创业机会

南方日报：芯片起源于贝尔实验室，并最早在8位年轻人创立的“仙童半导体”实现产业化。在今天还能出现这样的情景吗？

李海明：每一个时代的创业者都会面临一些新的机遇，在产业的不同阶段去创业，面临的环境也是不同的。

现在半导体行业已经发展得这么丰富、专精，很难凭借几个人去改变整个产业。年轻人能够享受到的，是半导体产业发展的沃土、各式各样的产品应用、资金、政策等，这都是当年没有的。

对有志于在芯片领域创业的年轻人，我会对他说，你已经看到了这么成熟的半导体产业，创新的想法不要停留在半导体本身，而是瞄准跨产业的突破。比如半导体与生物医药、汽车产业、传统制造等结合，才能发挥想象力，去创造更新的商机，甚至改变未来人类生活的模式。这是属于当下的“时代机遇”。

南方日报：在全球芯片产业中，荷兰在相对有限的国土空间里，提供了全球超过四分之一的半导体设备，拥有相对完整的芯片产业链。您认为，荷兰的秘诀在哪里，对广东有怎样的启示？

李海明：荷兰发展的关键，还是在技术与人才。对于广东来说，有了技术的积累后，可以依托粤港澳大湾区市场空间，乃至针对世界各地的不同需求，不断开发新的应用。

以广州为例，它在粤港澳大湾区乃至全国、全球半导体产业的地图上，还没有形成足够强的产业集聚。近几年来，政府在引入人才、资金等方面出台了不少政策，已经有核心技术人员和有经验的人员逐步向这里集聚。

对于单个企业来说，方向要更加聚焦。粤芯并不计划将各种半导体、全部工艺节点都展开发展，而是把人才、技术、设备都专注在模拟芯片，唯有专精和坚持才能拥有未来。

刊于2021年7月16日《南方日报》，王彪　彭琳　昌道励　吴向娟（实习生）

6. 松下全球副总裁本间哲朗：将以中国为起点的创新事业拓展到全球

■本间哲朗

“我深刻地感受到，松下在中国的管理模式，需要升级为能够调动中国员工积极性的管理模式，即让中国年轻的管理层也能产生共鸣。”来中国任职两年半，松下集团代表董事、全球副总裁、松下电器中国东北亚总代表本间哲朗的中文越发标准且流利。如何组建更强的中日融合管理团队，用中国模式推进中国本土经营，是他思考得最多的问题。

作为改革开放后最早进入中国的外资企业之一，松下集团自1978年进入中国市场以来，已发展成为在华规模最大的日企：在中国拥有72家法人公司，约5万名员工，9000名研发人员，1100亿元的年销售规模占集团业务的四分之一。

然而，本间哲朗坦言，2008年后，松下在华业务的发展没有赶上中国GDP发展的速度，“在原有的体制下，处于日本的事业部长无法感知中国市场的迅速变化”。为此，松下在2019年4月成立中国东北亚公司，这是松下集团首次在日本以外成立事业和地域统括职能合二为一的公司，并首次将经营决策权放到海外。

为了让中国的经营团队更关注中国的变化，他开通了微博账号，还亲自参与线上直播。“中国销售模式变化迅速，这在日本是无法想象的。”他期望，以中国为起点的创新事业，不仅能助力百年松下转型新征途，也能为全球经济的发展作贡献。

首次将经营决策权放到海外

南方日报： 进入中国市场以来，松下集团在中国的布局经历了哪些重大调整？松下中国总部在管理架构、决策权等方面有着怎样的变化？

本间哲朗： 松下集团的中国事业始于1978年，彼时集团创始人松下幸之助先生83岁。时任中国副总理的邓小平访问日本，邀请松下老先生为中国的现代化建设作贡献。

1987年，松下在华设立第一家合资公司——北京松下彩色显像管有限公司。1994年，创办了集科工贸于一体的松下电器（中国）有限公司，并在2002年实现独资。此后10余年间，松下集团持续加大在华投资力度。

2008年后，我们越发意识到松下在华业务的发展没有赶上中国GDP发展的速度。在原有的体制下，处于日本的事业部长无法感知中国市场的迅速变化，也无法快速进行经营判断。

松下中国东北亚公司成立以来，用中国速度、中国模式、中国成本推进中国本土经营，针对中国市场需求开发了很多首发产品。尽管受新冠肺炎疫情影响，松下2020年在中国的业绩仍实现了16%的同比增长，2021年第二季度的销售额也实现两位数增长。

南方日报： 中国加入世贸组织20年来，您如何看待中国市场、中国制造和中国研发在全球产业网络的变化？中国的营商环境发生了哪些变化？

本间哲朗： 中国加入世贸组织20年来，已发展成全球第二大经济体，在保持作为制造大国的同时逐渐转变为消费大国、工程大国、创新大国。

中国市场具有无可比拟的优越性：巨大的市场规模，全民应用智能手机，对新技术能快速吸纳，有尊重创新、允许失败的社会风气和土壤，拥有大量技术人才和强大的产业供应链。

松下是中国改革开放的见证者，我们能成立中国东北亚公司，毅然决然推进“中国业务中国决策”的体制，正是得益于《外商投资法》的实施以及中国的“十四五”规划中所提供的高水平对外开放平台。乘着eWTP（电子世界贸易平台）、RCEP的东风，松下不仅将奋力于中国国内的销售，还积极推进面向亚洲出口等举措。

组建更强的中日融合管理团队

南方日报：很长时间里，松下在全球家电位居前列，进入中国后更是中国民营企业学习的对象。随着国内家电企业的兴起，包括松下在内的外资企业都遭遇了激烈的市场竞争，这对松下的发展带来怎样的影响？

本间哲朗：20世纪80年代，我来中国后发现，“会计制度”这种内控系统已经在很多中国本土公司普及。松下在产品的研发、生产、销售渠道、服务以及投资建厂、企业管理等方面，可能都曾为中国本土企业的崛起提供过借鉴，这是我们的荣幸。

我们也看到，中国的家电企业发展非常快，涉足领域很广。事实上，我们在华业务的最大板块，是电子零部件和生产自动化的设备，是用来支持中国家电行业发展的。所以，中国民营企业不是我们的竞争对手，而是客户，是合作伙伴。

对于松下中国的家电行业来说，2013年决定不生产彩电，是我们遇到的最大困难。这让我们不得不重新定义家电事业。此后，松下主要销售冰箱、洗衣机、卫浴以及美容仪器等小家电，近年来开始兼顾大小家电和住宅设备的发展，希望获得更大发展空间。

南方日报：您一直主张向中国企业学习，认为松下要学习中国民营企业的经营模式和成本控制经验，以实现在中国市场的进一步发展。松下向中国企业学到了什么？

本间哲朗：中国有非常多优秀的民营企业在迅速成长。比如美的、格力等广东本土家电企业，在产品研发、创新能力、市场占有率、企业管理体制以及营销模式等方面都是值得学习的。

松下有着百年积淀的品牌力，拥有其他公司所没有的生产线和丰富的商品事业等优势，但也存在束缚比较多、决策不够快、反应不及时等问题。松下一直以来都在中国践行着日式管理，这有利有弊。

我深刻地感受到，松下在中国的管理模式，需要升级为能够调动中国员工积极性的管理模式，即让中国年轻的管理层也能产生共鸣。我将中国式的人事机制分解为——领导力、正面激励和反面刺激、权责一致的组织结构设计、阶段性的节点式评价。结合这四点，我们来组建更强的中日融合管理团队。

在双循环新发展格局中深化中国创新事业

南方日报：目前松下在广东的布局是怎样的？从全国来看，您如何看待粤港澳大湾区的角色和未来发展前景？

本间哲朗：广东是松下在中国重要的发展基地之一。自1993年创办第一家公司以来，松下至今共有11家公司落户广东，主要分布在广州番禺、黄埔，佛山顺德，以及深圳、珠海、江门、东莞等地。业务领域涉及压缩机、中央空调、家用空调、美健产品、电子材料、伺服马达、供EV电动车使用的电容器和自动化生产设备等。

其中，松下在珠海有生产伺服马达的工厂，为中国制造业的生产提供重要零部件。在江门有专门生产电容器的工厂，为混合动力车或是EV电动车提供较大的电容器。在顺德的新风工厂，是松下新风业务领域最大的工厂；2021年8月新开的“顺德第一分厂”，投资2.2亿元，主要生产换气用的新风系统、空气净化器等室内空气质量产品。

粤港澳大湾区是松下在中国的重要业务中心，松下将始终在广东省各级政府部门的鼎力协助下，积极推进企业创收，参与粤港澳大湾区的建设，为地方经济发展和社会协同发展作贡献。

南方日报：_您如何理解中国正在构建的双循环新发展格局？在双循环新发展格局下，松下在中国有何发展计划？_

本间哲朗：松下进入中国市场以来，始终与中国市场的开放进程和全球经济的发展并肩前行。20世纪90年代，松下大力拓展中国消费市场，为消费者提供种类丰富、品质精良的产品，经营重点主要放在内循环。到21世纪初，松下充分发挥在中国的产品制造优势，积极发展海外出口业务，将重点转移至外循环。

从2010年至今，随着改革开放进程不断推进，松下内外循环并重，一方面继续深化中国国内的事业，目前业务规模已占到松下整体事业的60%；另一方面继续扩大海外市场，将以中国为起点的创新事业拓展到全球市场。

在双循环新发展格局下，松下希望用多年积累的养老产业经验，助力解决中国的老龄化问题，也将致力于为疫情后的日常生活提供更多新概念的清洁产品。针对中国提出的碳达峰、碳中和目标，松下将提供更多环保产品，在节能减排上提供更多支持。

刊于2021年11月5日《南方日报》，昌道励

7. 嘉吉公司亚太区总裁安博泰：
中国是未来发展的重要增长极和创新高地

■安博泰

“50年前，当国际农业和食品巨头嘉吉公司的前辈们来到中国时，也许没想到今天会在中国取得如此大的发展规模和成绩。”日前，嘉吉公司亚太区总裁安博泰接受南方日报专访时表示，中国已成为嘉吉在全球最重要的市场之一，同时还被视为未来发展重要的增长极和创新高地。

2021年是嘉吉进入中国50周年，目前嘉吉在中国拥有10 000多名员工和50个运营点。2020年8月，嘉吉在上海设立农业供应链亚太区总部，该业务板块亚太区的部分管理职能从新加坡转移到中国。此举意味着嘉吉将持续投入中国市场。

“越来越多中国本土人才担任全球管理职位”

南方日报：在中国加入世贸组织前后，嘉吉在中国的业务结构、投资等方面有何变化？

安博泰：2021年是中国加入世贸组织20周年，也是嘉吉进入中国的第50年。嘉吉与中国结缘于50年前，1971年就在中国台湾建设了第一家饲料工厂。这体现了嘉吉的战略高度，也表明我们非常重视在中国的长远发展和规划。2001年中国加入世贸组织，传递出一个信号：中国更加融入全球经济。而对于跨国企业来说，则更有信心参与到中国经济的发展中，更有信心在中国加大投资。

中国加入世贸组织前，嘉吉在中国的投资规模还相对较小，而且大多由总部或区域性总部对中国业务进行远程管理。入世后，嘉吉不仅在中国市场注入更多资本，而且对中国业务管理进行了本土化升级，采用中国本土资源、本土人才来管理本土业务。

南方日报：这20年来，您感受最深的中国营商环境的变化有哪些？

安博泰：目前中国对外商投资的政策指导很清晰，外商投资者也很清楚自己应在哪些板块进行投资。嘉吉目前在中国发展遇到的最大挑战，不是外部的营商环境，而是如何提升企业自身的灵活度。

中国市场非常多元，变化又快。对很多外企来说，在中国市场需要改进的，是如何提高灵活度和敏感度。中国本土企业的灵活度和敏感度就比我们强。不少在中国的跨国公司，管理上仍是以总部为中心，一旦中国市场有变化时，它们相对较难及时作出调整。

从当前形势来看，全球经济重心有所转移，亚洲变得更加重要。跨国公司若不改变经营和管理的方式方法，很可能就会落后。

南方日报：在嘉吉的全球布局中，中国市场处于什么位置？

安博泰：过去20年来，中国不仅是亚洲经济增长的加速器，也是推动全球经济增长的重要力量。正是看到这样的趋势，两三年前我们制定农业供应链“2030年发展战略”时，就将亚太区列为重点，而中国则是重中之重。现在，嘉吉农业供应链亚太区的总部已经从新加坡搬到上海，而嘉吉农业供应链是我们最大的业务板块。

从人才角度来说，中国人才非常多，我们很重视培养中国人才。把农业供应链亚太区总部搬到上海，除了业务上的需要，我们还想吸引更多中国管理类高端人才。现在，在嘉吉系统里，越来越多中国本土人才担任亚太甚至全球管理职位。

“通过中国市场来了解全球市场动向”

南方日报：从全球产业供应链角度来看，中国发挥了哪些作用？

安博泰：从全球农产品供应链来看，中国是最大也是最强的参与者之一。中国是农业大国，自身的生产能力非常强。中国又是消费大国，每年需要从全球各地如欧洲、美国、南美甚至俄罗斯等国家和地区，进口和引进批量农产品，同时又有部分产品输出海外。

作为农业和食品行业领导者，我们需要通过中国市场来了解全球市场动向，包括价格行情变化。中国市场对于全球农产品供需变化非常重要，像郑州和大连商品交易所，它们都是非常重要的全球农产品商品交易平台。

南方日报：嘉吉如何推动中国更好地参与到全球农产品贸易中？

安博泰：嘉吉农业在全球产业链发挥的主要作用是，从供需两端平衡全球农产品，并参与协同全球供应。中国是谷物生产大国，但也需要进口部分品类，因为现在中国消费者有多元需求。我们在全球产业链的布局可以从多个维度满足中国消费者，一是在时间上满足他们对及时供应的要求，二是满足对数量、品种的需求，三是满足对品质的追求。

中国也有部分产品通过我们出口到日本、韩国等。比如嘉吉松原工厂每年有接近15%的产品，包括麦芽糖、麦芽糊精和变性淀粉等，出口到东南亚等地区。我们食品配料业务和蛋白业务也有部分产品在中国生产，然后出口到国外。

近10年以来，中国农业现代化步伐加快，我们很多客户已经成为中国现代农业产业的领军者。我们非常愿意服务和推动本土客户进步，给予他们支持，帮助他们生产满足中国或全球消费者需要的产品。

“粤港澳大湾区将成为引领中国下一阶段经济发展的引擎”

南方日报：近年来嘉吉在中国有不少创新之举，这些创新是否能复制推广到海外市场？

安博泰：过去10多年里，中国在制造领域有很大进步。毋庸置疑，从全球来看，中国是巨大的生产基地。与此同时，我也看到中国制造的转型。20年前中国有人口红利，中国制造有成本优势，但现在中国逐渐从生产大国变为生产强国，而这种转变是由技术创新驱动的，这种创新不仅让中国受益，也会让全球产业链受益。

举个例子，嘉吉从事植物油业务，这些食用油主要用来煎炸食物。为了让油炸食品更健康，我们中国团队与某国际品牌的中国团队合作开发了一款低饱和脂肪酸植物油。这款产品投放中国市场后非常成功，我们和客户已打算将其推广到其他国家和地区。

最近我们还投资了一家中国的饲料创新公司，它的产品可提升禽类免疫系统和消化能力，我们希望将它的技术也推广到全球。嘉吉希望用更多“中国创新”服务于全球市场。

南方日报：在粤港澳大湾区的建设中，跨国公司将迎来哪些机遇？

安博泰：粤港澳大湾区是非常重要的发展区域。在某种程度上，广东是嘉吉投资最多的省份。截至目前，我们在广东有5家工厂，中国入世后我们建立的第一个油籽加工厂就在广东。在我看来，粤港澳大湾区将成为引领中国下一阶段经济发展的引擎。

在产业布局上，我们不仅要看当地基础的制造业，更要考虑类似具有创新等更高附加值的领域，而大湾区与我们的未来发展规划有很多相通之处。希望乘着大湾区经济发展的东风，嘉吉在中国的发展能走向另一个新高潮。

南方日报：在创新氛围浓厚的粤港澳大湾区，嘉吉正在进行哪些创新？

安博泰：我们刚涉足生物工业领域，在广东阳江建立了第一条生物工业生产线，主要生产以植物油为基础、用于变压器的绝缘液。目前该工厂产量虽然小，但它将为产业发展带来很大价值。这款名为FR3天然酯的产品可替代以石油为原料的变压器绝缘油，具有可持续性，符合未来减碳发展的趋势。

刊于2021年11月6日《南方日报》，欧志葵　王一舒（实习生）

8. 友邦人寿CEO张晓宇：

保险业对外开放提速，抢抓中国市场新机遇

■张晓宇

“我们是中国入世改革开放的参与者、受益者，也是见证者和贡献者。”日前，在上海外滩17号的友邦大厦，友邦人寿CEO张晓宇接受南方日报专访时表示，2020年，中国内地市场已经成为友邦保险集团新业务价值的最大贡献者。对于中国保险市场，友邦等国际保险巨头达成共识：“未来若错失中国市场，增长几乎无从谈起。”

事实上，作为我国金融业扩大对外开放之后成立的首家外资独资人身保险公司，外资险企龙头友邦的发展之路，浓缩了中国金融业对外开放的历程。

2001年12月11日，中国正式加入世贸组织。2002年，中国保险业正式对外资开放。根据我国加入世贸组织的承诺，保险业过渡期只有3年，比其他金融行业提前2年全面对外开放，是开放力度较大的行业之一。

20年后的今天，当年甚嚣尘上的“狼羊传说”演变成中外企业的互促互赢。入世以来，我国保险业呈现出突飞猛进的发展势头，国内保费收入增长近20倍，保险机构逐年增加，保险总资产增长近45倍。

2020年，在金融全面开放的政策下，外资持股保险公司比例被放开，友邦人寿正式成为中国内地首家外资独资人身保险公司，保险行业对外开

放提速的大幕开启。

回顾入世20年，友邦在中国的发展与中国入世有着怎样的渊源？中国营商环境、投资环境、保险行业发生了什么变化？立足广东，友邦在广东的发展情况如何？未来又将如何通过多元化战略布局迈向高质量发展，以及如何参与粤港澳大湾区发展？张晓宇对此进行了逐一解答。

首家外资独资人身保险公司，是受益者也是引领者

南方日报：友邦在中国的发展，与中国入世有着怎样的一段故事？

张晓宇：友邦有一个蛮特别的身份，1919年，科尼利厄斯·范德·史带在上海开启友邦与中国的世纪之缘。1992年，友邦重返“老家”上海，是改革开放后最早一批获发个人人身保险业务营业执照的非本土保险机构之一。此后，我们相继开拓了广东、北京、江苏等市场。尤其2020年在金融业扩大对外开放的政策下，我们有机会“分改子”，成为金融业扩大对外开放之后的首家外资独资的人身保险公司，这是一个历史性的突破。得益于这样的政策，我们有机会开始进行全国市场的拓展。2021年3月，友邦人寿四川分公司获批开业，这是友邦人寿成立后首家获批开业的分公司。2021年10月，友邦人寿湖北分公司完成筹建获准开业。

南方日报：入世20年来，中国内地在友邦全球布局中的地位和角色有何变化？

张晓宇：在过去100多年的发展历程中，我们有多个重要的历史节点、里程碑事件发生在中国或与中国有关。2020年，中国内地市场已经成为友邦保险集团新业务价值的最大贡献者。友邦保险一方面是国家改革开放的参与者、受益者，另一方面也是引领者、贡献者，友邦为中国保险行业带来了许多前所未有：率先将保险营销员制度引入中国内地；最

早将LOMA（国际金融保险管理学院）和LIMRA（国际寿险行销研究协会）考试引进国内；首创与知名大学合办精算中心，培养大批专业保险人才……友邦一直不遗余力地为寿险行业的蓬勃发展贡献己力。

南方日报：对保险业来说，中国入世20年来营商环境、投资环境有何变化？

张晓宇：从整个大环境看，我们还是非常乐观的。第一，整个方向是非常明确的，即扩大对外开放，市场的国际化程度在不断加深。第二，如果单独从保险市场来讲，入世20年来，中国保险市场已经成长为世界第二大市场，业务量、质量把控、创新层面都有了很大提升，保险的功能作用也纵深发展。一方面保险产品逐步回归到“保险姓保”的原则，另一方面保险服务不断升级优化。第三，市场竞争和监管趋严。促进保险业务增长方式逐步从单纯注重规模向重视质量和效益转变，发展模式从粗放经营向结构调整和可持续发展转变，客户风险意识也在逐渐提高。

广东对保险业发展的贡献将越来越大

南方日报：从友邦中国到友邦人寿，公司有什么变化？

张晓宇：友邦保险回归中国内地后的发展，可以说是“蹄疾而步稳，勇毅而笃行”。过去受到外资保险公司持股比例的限制，友邦在中国内地多家分公司都同属友邦集团的分公司，统称为友邦中国，但并非独立法人企业，直到2020年外资持股比例限制放开可100%持股保险公司，我们将友邦上海分公司升级为友邦人寿，成为中国内地具有独立法人身份的保险公司，完善的公司法人治理架构，为优化运营组织提供了条件，其他城市分公司则成为友邦人寿的分公司，这也为友邦在中国内地其他城市进一步拓展业务奠定基础并做好准备，四川、湖北分公司已相继获批开业。总的来说，作为集团的寿险子公司，友邦人寿的设立有利于我们统一管理中国内地的所有业务，同时也有助于我们在企业文化、合规，以及优质保险服务的提供中保持统一。我们也将有机会拓展新的投资工具，例如不动产投资、私募股权投资等。

南方日报：目前友邦在广东的发展情况如何？

张晓宇：友邦是进驻广东的最早的一批获发个人人身保险业务营业执照的非本土保险机构之一。成立至今，在不断的发展中，友邦广东拥有了专业保险营销员队伍，并通过多元化销售渠道，为客户提供各类人身保险业务，分支机构遍布广州、佛山、东莞等14个地级以上市。广东作为寿险市场开放的前沿阵地以及在友邦系统内业务贡献积极的市场，其市场战略布局一直颇受重视。随着粤港澳大湾区的进一步发展，广东市场对行业发展的贡献将越来越大。

粤港澳大湾区是庞大且充满潜力的寿险市场

南方日报：友邦接下来将如何布局粤港澳大湾区？

张晓宇：长期以来，我们致力于提供超越期待的产品与服务，帮助中国家庭共享“健康长久好生活”，为中国的经济和社会发展贡献力量。我们密切关注中国的重大区域战略发展计划，并期待为区域内的广大消费者提供健康及财富保障。

我们非常关注政府公布的粤港澳大湾区相关政策，该区域覆盖7260万人口，地区生产总值总额达到1.7万亿美元，但除中国香港和中国澳门以外地区的保险渗透率依然很低，是一片非常庞大且充满潜力的寿险市场。新冠疫情极大地激发了保障需求，凭借我们富有优势的多渠道策略以及多样化的优质产品和服务，我们坚信友邦在粤港澳大湾区的发展前景广阔。

南方日报：在金融业扩大对外开放提速的背景下，您认为外资保险企业的发展还需要获得哪些支持？

张晓宇：友邦已经受益于国家金融开放政策的积极影响，在此过程中也得到了各级政府和监管部门多方面的积极支持和帮助。展望未来，我们希望今后在产品创新、服务创新、科技创新等方面，在有效防范风险的基础上能给予更多指引、更多尝试机会，以鼓励企业在这些方面尽快与国际看齐甚至领先国际，真正为中国的经济、金融发展贡献己力。

刊于2021年11月7日《南方日报》，张艳　谢美琴　李宛青（实习生）

9. 雀巢大中华区集团事务及可持续发展副总裁方军涛：与上下游合作伙伴共享中国市场

跨越近万公里，来自云南和世界各地的咖啡豆在东莞相遇。不久后，它们将在这里被制成独立包装的“1+2”速溶咖啡，再从此出发，销往全球各地的每个角落……一份速溶咖啡背后，既能看到家喻户晓的雀巢品牌在中国的深耕，也诠释了双循环新发展格局下中国经济动能强劲、蹄疾步稳的深层原因。

方军涛

“作为在华投资30余年的跨国企业，雀巢中国早已把自己当成一家本土企业。”雀巢大中华区集团事务及可持续发展副总裁方军涛认为，加入世贸组织20年来，中国开放之门越来越大，如今已培育出丰富程度最高、竞争最激烈的消费市场。在双循环新发展格局下，“本土化”将是跨国企业在中国市场激烈竞争中发展的关键词，而粤港澳大湾区将在其中扮演关键角色。

南种咖啡北育奶源，采购种植双管齐下

南方日报：作为一家食品企业，雀巢公司在中国的发展有什么心得？

方军涛：雀巢是陪伴中国一代人甚至几代人的家喻户晓的品牌。早在20世纪80年代，中国实行改革开放不久，雀巢就是第一批到中国大陆（内

地）进行商业活动、建厂投资的企业。自20世纪80年代末，雀巢第一家工厂在黑龙江哈尔滨双城区建成投产至今，中国已经成为雀巢在全球第二大的市场。

雀巢作为全球最大的食品饮料和营养品的公司，农业无疑是公司十分看重的产业，同我们息息相关。初入中国市场，雀巢就将咖啡和奶源这两个项目作为主要突破口。雀巢在哈尔滨双城的自有奶厂的奶牛存栏数大概在3500头。1996年，雀巢新的奶产品制作基地在山东莱西市建成投产，成为雀巢另一个主要奶源基地。

目前，雀巢每天在中国采购的奶量达到1000多吨，其中约20%来自雀巢的自有奶厂，剩下的全部来自跟当地的奶户合作。在过去30年里，每年雀巢向黑龙江和山东的奶户支付的奶资达到了16亿元人民币左右。

在北方，雀巢采购的农产品以鲜奶为主；在南方，雀巢的经营重点则是咖啡。从20世纪80年代，中国大陆（内地）还没有人消费咖啡时开始，雀巢就在云南思茅（今普洱市）、景洪一带种下了咖啡种子。30年来，作为高等的阿拉比卡咖啡豆，云南的小粒种咖啡豆产量已经从0基础上升到全球第11名。

如今，雀巢中国90%的原材料都来自中国本土，这与中国的环境条件有很大关系。中国北方位于全球最佳的奶牛养殖带，云南、海南则适宜咖啡种植，这给了我们和所在社区、上下游供应产业链紧密合作的机会。通过采购与种植双管齐下，雀巢与上下游企业在中国共享价值，达到全赢。也得益于此，雀巢发展至今，在大中华区已拥有超过2.6万名员工，26个业务操作基地。

可以说，虽然雀巢是一家跨国企业，但我们已经将自身定位为一个本土型企业，深深扎根在中国。只有把中国当成自己的家，把自己当成中国企业，而非仅将中国视作一个市场，真正和国家共担风雨、共同发展，才能真正享受到成果，这是我们耕耘中国市场数十年的重要心得。

中国入世20周年，引资消费转向重“质”

南方日报： 中国加入世贸组织20年来，对跨国企业在农业和食品加工等领域的发展产生了什么影响？

方军涛： 坦率地说，由于与上下游产业存在紧密联系，农业并不像其他产业，可以广泛地参与到全球化的进程中。但是随着中国加入世贸组织，农产品原材料的进口和成品出口状况均得到了显著改善。得益于此，雀巢在中国的经营品类迅速扩展到13个，其中大部分达到了细分领域顶尖水平。

此外，20年来，我们非常明显地感受到，中国在吸引和利用外资方面逐渐从重“量”向重“质”的转变。在入世之前，中国的外向型经济甚少考虑自然环境保护等领域；而近10年来，高水平的对外开放让情况大为改变。在全面打赢脱贫攻坚战的过程中，国家对“三农”工作的大力扶助，使得中国的农业水平、农村面貌、农民生活都发生了根本性转变，高质量农产品的生产能力有了显著提升，这是跨国食品企业乐于见到的。

而“绿水青山就是金山银山”理念的提出，使消费者的消费观念也发生了不同程度的转变。比如在以往，有机食品并不是具有号召力的消费概念；而现在，这在中国已经成为一种消费趋势，“吃得少一点，吃得精一点”是当下消费者的共识。如何提高物流效率，降低采购成本，最高效地向消费者提供高质量的食品？本土采购无疑是最佳的选择。

而在五六年前，雀巢曾在这方面遇到了困难。雀巢生产的一款婴儿辅食需要用到20多种有机果蔬，虽然中国大陆（内地）都能生产，但有若干种材料达不到要求，只能不远万里进口，大大提高了成本。

为了应对这些问题，雀巢2019年在黑龙江成立了全球首家谷物能力中心，协助上游供应产业生产符合国际标准的有机农作物。30年前，我们帮助农户把每头牛的单位产奶量做到世界领先；30年后，我们为供应链提供全球领先的种植技术和经验，这也折射了入世20年来中国农业的变化。

畅通大湾区物流渠道，食品加工将现新机遇

南方日报：在雀巢的全球版图中，粤港澳大湾区处于什么位置？

方军涛：自1985年雀巢在广州设立联络处以来，双方就一直保持着紧密的合作。广东是雀巢产品销售的重要市场，雀巢也在广东培育了诸多著名品牌。雀巢旗下美极系列调味品、雀巢速溶1+2咖啡、徐福记等品牌的生产基地均位于广东。

在此基础上，2014年和2019年，雀巢分别在东莞和深圳成立了两家研发中心。依托徐福记的品牌优势，东莞的研发中心以糖果为研发重点；在深圳成立的研发中心则承担胶囊咖啡机的研发工作。

在广州，雀巢还设立了高端咖啡体验中心、餐饮客户体验中心等，使得粤港澳大湾区成为雀巢在中国战略投资布局最全面的地区，业务已经覆盖从研发、生产到客户体验等各个领域。目前，雀巢已成立专门工作组，研究如何依托大湾区整合优势资源，共享大湾区的发展优势。

我们注意到，包括粤港澳大湾区在内的沿海地区消费市场正在不断升级。中国消费者拥有全球最丰富的消费选择，以及最挑剔的品位，这注定了所有食品企业都需要“逆水行舟”，如果一天不往前走，你就有可能被中国市场淘汰。

南方日报： 在双循环新发展格局下，粤港澳大湾区应如何利用好自身优势，实现高质量发展？

方军涛： 在“一国两制”大框架下，粤港澳大湾区在“双循环”新发展格局中有独特优势。内地拥有无可比拟的广阔市场，随着过去几十年经济的快速发展，广东已经快速地搭建起非常强的工业基础和平台。同时，对于雀巢而言，广东对外开放窗口的地位也是一个无可取代的优势。而粤港澳三地的制度差异，使得港澳可以作为窗口，在一些进出口政策上先行先试。此外，港澳在法律、金融等高端人才的培养上，可以助广东一臂之力。

因此，在粤港澳大湾区，港澳和内地之间需要保持紧密的经贸关系。港澳若失去内地的强大支持，未来的发展空间可能越来越小；而内地需要港澳在金融、法律等方面提供人才和经验，助力大湾区高质量发展走向新的高度。

从企业的角度看，大湾区在工业、创新等方面已拥有完善的基础，可以借此进一步加大对先进食品制造企业的支持力度。比如，若广东能在物流等方面加以补强，畅通原材料运输渠道，则可以使第二、三产业优势有效反哺第一产业，在食品加工领域找到高质量发展新的突破口。

刊于2021年11月9日《南方日报》，邵一弘

10. 普华永道中国市场主管合伙人梁伟坚：推进粤港澳大湾区企业更好衔接国际规则

■梁伟坚

“在建立国际专业人才全要素自由流动的体系，铸造核心服务能力方面，要充分利用粤港澳大湾区三地的优势，推进大湾区企业更好对接国际规则。”普华永道中国市场主管合伙人梁伟坚接受南方日报专访时表示。入世20年来，中国强劲的经济增长，为现代服务业提供了广阔的市场。

作为全球领先的专业服务机构国际会计师事务所，普华永道见证并参与了中国企业的全球化历程。梁伟坚认为，中国对外开放下一步的发力点应朝着“三个更加”迈进——开放领域更加全面、制度规则更加接轨、营商环境更加优化。

“三个开放”助力普华永道中国本土化

南方日报：中国的服务贸易市场逐步放开，普华永道是如何将自身的国际经验和中国本土资源有机结合的？

梁伟坚：普华永道在中国的本土化成功主要得益于“三个开放”——制度开放、环境开放和人才开放。首先，制度开放。普华永道为客户提供专业的审计、税务、咨询等服务，得益于中国在市场准入方面所做作的承诺，为来自全球各地的投资者营造稳定开放的制度体系。其次，环境开放。在中国市场化、法治化、国际化的营商环境下，普华永道能够为金融、媒体和通信、科技、生命科学、政府及公共服务等提供服务。再次，人才开放。中国雄厚的人才储备以及对国际化人才的吸引力，是普华永道一如既往提供高质量服务的保障。

作为在中国的本土化会计师事务所，普华永道推行网络事务所全球质量控制一体化和本地特色化相结合的策略，充分考虑中国的执业监管环境，努力在政策和程序上体现中国特色，更好服务中国高质量的经济发展。目前，普华永道已在中国内地及港澳地区的28个城市设立了分支机构，员工总数已经超过2万人，合伙人总数已经超过800人。

南方日报：中国入世20年来，普华永道服务的中国企业，在数量和行业分布上有怎样的变化？

梁伟坚：普华永道在成立之初，主要服务外商投资企业。2013年改制成特殊普通合伙企业之后，业务重心也逐渐转向服务国内企业为主，包括大型央企、金融机构、高成长民营企业等。

在国家大力发展资本市场建设，提高企业直接融资比例，逐步推行注册制的大背景下，上市公司的类型、体量以及主业范围都发生了巨大的变化，对会计师事务所也提出了更高的执业要求，尤其是新兴行业的复杂性以及注册制的全面实行，给行业带来了新的挑战和机遇。都对我们行业提出了更大的责任和能力要求。近年来，大数据、物联网、人工智能、区块链等新技术方兴未艾，越来越多的企业采用复杂的业务及财务系统。审计行业已不是传统意义上的查账，需要实现审计行业的数字化转型。会计师事务所需要不断提升信息技术审计技能，才能确保审计质量，为企业提供有价值的管理建议。

升级全球跨境服务，赋能国内国际双循环

南方日报：2013年我国提出“一带一路”倡议，普华永道随后开设的“一带一路”全景平台在其中发挥了怎样作用？

梁伟坚：2020年11月第三届进博会期间，普华永道“一带一路”全景平台升级为普华永道全球跨境服务，升级后的全球跨境服务将打造全球跨境惠赢矩阵，提供点对点的解决方案，赋能企业成功拓业海外，助领海外企业深耕本土。

疫情防控进入常态化阶段，全球经济充满不确定因素，普华永道中国全球跨境服务团队将致力于协助国际国内经济双循环。首先，助力外资企业本地化，在变幻无穷的本地市场占发挥优势。其次，助力中国企业全球化，成为世界经济舞台的有力竞争者。再次，协助政府招商引资，精准吸引优秀的跨国企业对地方进行投资，进一步促进当地经济，带动税收及就业。

南方日报：经济全球化格局复杂多变。您认为未来全球化走势会呈现怎样的特点？中国会计师业会迎来怎样的发展机遇？

梁伟坚：在普华永道，我们把当前全球面临的一系列紧迫的、加速的挑战称为ADAPT（产品部落敏捷研发章程）框架，该框架内容包括“不对称、颠覆、人口老龄化、分极化以及信任”五大趋势。在新的全球化趋势下，会计师事务所服务领域不断扩大，同时职业会计师跨国加速发展。我们也观察到越来越多的企业希望会计师事务所提供传统审计服务的同时，能够提供更加多元化的服务，如企业战略管理、风险控制、财务及经营管理咨询等。

此外，随着中国企业“走出去”的步伐加快，中国会计师事务所应有意识地开展“走出去”“国际化”布局，尤其是提升境外执业的水平、能力

和经验，培养出一批具有国际水平和国际职业资质的注册会计师高端人才。

推进大湾区企业更好与国际规则对接

南方日报：您认为在与国外经贸规则对接和衔接方面，中国未来有哪些发力点？

梁伟坚：我认为，中国对外开放下一步的发力点应朝着“三个更加”迈进——开放领域更加全面、制度规则更加接轨、营商环境更加优化。

一是开放领域更加全面，进一步促进投资、贸易的全链条自由便利，降低金融、电信、医疗、教育等有限竞争、自然垄断领域竞争性业务的开放壁垒，降低关税水平，更大规模地增加商品和服务的进口。同时，支持国际数字贸易自由化和便捷化。

二是制度规则更加接轨，对标国际规则，标杆引领、先行先试。在数字贸易方面，探索数据跨境流动、网络安全、个人信息保护、电子支付等领域的规则制定，率先为数字经贸规则治理的亚洲模板贡献经验，引领制定国际经贸规则。在监管一致性、环保、知识产权方面，衔接国际高标准经贸规则要求，先行先试。

三是营商环境更加优化，包括更好地为境外高端人才执业提供互认便利、打造国际民商事争议解决中心等。同时，在竞争中立、环保、劳工保护、透明度、监管一致性、知识产权等方面加速与国际先进规则接轨。

南方日报：如何推进粤港澳大湾区企业更好对接国际规则？

梁伟坚：《粤港澳大湾区发展规划纲要》颁布后，更体现了普华永道身处现代高端服务业，在“链接全球高端资源领跑湾区专业服务”中所发挥的价值。目前，普华永道在香港、澳门、深圳、广州、珠海和前海设立了5个运营实体，共有员工约3500人。

在建立国际专业人才全要素自由流动的体系、铸造核心服务能力方面，要充分利用粤港澳大湾区三地的优势。例如，中国注册会计行业从2000年就实行了专业资格考试互认、跨境执业备案制和会计准则趋同的改革。从香港引入的专业人士不少很快也取得内地的注册会计师资格，为国际化会计专业人才在深圳工作提供了很好的基础。

通过深港人才高度融合的多年实践，我们已经成为国际化会计专业人才要素流动的成功典范，同时把国际城市发展规划、大型企业的战略设置以及管理流程等的最佳实践带到大湾区，推动湾区企业更好对接国际规则。

刊于2021年11月10日《南方日报》，彭琳　昌道励

附录三

粤港澳大湾区战略性产业集群典型案例

超级计算机助力大湾区建设国际科创中心

数字经济时代，超级计算机就是参与竞争的大国重器。凭借每秒10.07亿亿次的系统峰值运算速度，2013年到2015年，“天河二号”创下在世界超级计算机500强中连续六次夺冠的纪录。在2021年6月发布的全球“超算”500强榜单中，“天河二号”排名世界第七位。

上到天文航空，下到大洋深海，广东省的科技创新离不开“天河二号”。“天河二号”以2.4万个CPU（中央处理器）核进行国产大型商用飞机全参数气动优化设计，六天完成以往两年工作量。国家超算广州中心自主研发了星光超算应用平台，搭建了面向大气、海洋、物理、生命科学、新材料等各领域的高效运行环境。此外，在疫情防控的过程中，“天河二号”也发挥了重要的作用，比如利用“天河二号”进行药物虚拟筛选，只用两三天便可迅速定位30余种潜在有效药物，而普通计算机则须筛选2—3个月。

在广东，越来越多的企业在利用超算推动创新。部分龙头企业开始着手自建超算平台。“企业自建的超算平台与超算中心是互补关系，例如广汽的设计服务器与‘天河二号’的系统连接实现层级化运行，他们依托‘天河二号’发布了三款新品。”国家超级计算广州中心主任卢宇彤表示。

“超算中心在某种程度上代表了一个国家的综合竞争力。一方面，它是核心科技创新的基础设施；另一方面，超算本身是科技创新，尤其是信息技术创新的结果。”卢宇彤说，超算在未来粤港澳大湾区的国际科创中心建设中，一定会发挥基础、核心、关键性作用。

扫码观看全文

广东距“中国电竞之都”还有多远？

电竞产业拥有千亿的市场和接近5亿的电竞用户，对于广东的数字创意产业而言，意味着庞大的市场空间和发展机遇。

走进位于广州天河区的趣丸网络公司总部，记者在不同的训练室内看到，虽然每间训练室看上去和普通的会议室差异不大，但是训练室内从电竞椅再到电竞电脑和电竞手机，都需要专门的装备才能满足电竞选手的需求。训练室的荣誉墙上可以看到战队取得的各种荣誉，其中不乏权威部门的认可，比如广州市人民政府颁发的“广州城市形象传播使者”证书。

趣玩网络还设立了TT电竞品牌，并在2020年通过收购获得英雄联盟（原DMO俱乐部，现TT俱乐部）和王者荣耀（原XQ俱乐部王者荣耀分部，现TTG俱乐部）的顶级联赛席位，进军LPL（英雄联盟职业联赛）、KPL（王者荣耀职业联赛）等职业电竞赛事。此外，广州趣丸科技旗下的TT语音也已经发展成为全国最大的游戏社交平台。

趣丸网络副总裁、TT电竞合伙人刘一非表示，广东拥有游戏内容、电竞人才、俱乐部资源等多项优势，若补足硬件短板，那么离起飞将只有一步之遥。“背靠粤港澳大湾区，未来广东电竞产业要站稳领先地位，可以借鉴上海的发展经验，培育更多的本土俱乐部，加快引入更多电竞企业。”刘一非认为，“只有更多的产业生态成员加入，才有机会培育更多的本地赛事用户、粉丝，创造更多引入电竞赛事的机会，从而最终帮助广东电竞产业起飞。”

扫码观看全文

第三方医学检验的"广东军团"

新冠肺炎疫情大考下，广东第三方医学检验产学研融合加速，核酸检测带动产业整体高位发展。今年以来，金域医学、华大基因等龙头企业在抗击疫情中发挥了重要作用。

截至2021年9月30日，金域医学累计检测量超1.7亿人份，2021年第三季度新冠检测量约7000万人份，当前日检测产能在110万管左右，并先后在湖北、广东、吉林、北京等31个省、区、市和香港、澳门特别行政区开展新冠核酸检测。2021年前三季度，金域医学新冠核酸检测业务实现收入33.6亿元，该业务收入占总营收的比例达38.99%。

不仅如此，疫情期间的核酸检测带动常规医学检测业务，助力第三方医学检测产业快速发展。以金域医学为例，其血液疾病诊断、神经&临床免疫疾病诊断以及实体肿瘤诊断业务收入分别同比增长31.4%、42.8%和38.5%，较2019年同期分别增长67.5%、54.5%和61.3%。

第三方医学检验检测中的样本和数据，应用到上游企业的药物开发，加速了广东第三方医学检验产学研融合发展。通过建立中心实验室、"猎鹰号"气膜实验室和"猎鹰号"移动检测车等"三位一体"的联合作战体系，金域医学形成了"大型检测基地+移动检测点"的高效检测模式。金域医学集团高级副总裁汪令来说："第三方医学检验所掌握的样本资源和数据资源，可以应用到上游企业的药物开发以及临床研究等领域，这正是后疫情时代广东生物医药的发力点。"

扫码观看全文

广东抢占前沿新材料赛道

新材料是国际竞争的重点领域之一。以往前沿新材料发展的控制权都掌握在发达国家手里，现在广东的新材料产业正在奋勇直追。

深圳市龙岗区大运软件小镇3号门旁，深圳烯湾科技有限公司展厅内，碳纳米管粉末、导电浆料、导电线、纤维编织布、高压储氢瓶……玻璃橱窗中，形态各异的碳纳米管材料、样品错落有致，几乎塞满了小小的展厅。

这是“破壁者”、烯湾科技创始人邓飞整整16年的心血。邓飞早年间在东京求学时，想要接触碳纤维研究，却屡屡因中国籍身份碰壁。“要突破封锁，只有跑到他们前头去，用下一代材料颠覆上一代。”邓飞改变了方向，一头扎进碳纳米管纤维复合材料产业化研究中。2016年，他与同学章胜华在深圳创立烯湾科技，在全球率先实现碳纳米管纤维产业化突破，一鸣惊人。

国外科学家研究过，按照人类目前的科技，要建太空天梯，只有碳纳米管纤维能做到。烯湾科技创始人之一、总经理章胜华介绍，碳纳米管比强度是最高强度钢的270倍，杨氏模量约为钢的5倍，但密度只有钢的六分之一，可塑性极强，被称为“终极纤维”。

然而，碳纳米管量产技术难度大、成本高，以前几乎没人相信它能走出实验室、走进工厂。目前全球20—25个团队已在实验室制备出碳纳米管，但仅有烯湾科技实现量产。

目前，烯湾科技正全面进入市场应用，将自主研发的碳纳米管纤维与国内低性能碳纤维“混编”，生产出媲美国外的高性能纤维材料，解决了国内瓶颈。

扫码观看全文

氢能产业实现国产化突破

当下，氢能产业已经成了各个省份乃至全球各个国家都在追逐的产业风口。在广东，从场景应用到整车企业、燃料电池电堆及动力模块生产厂商到上游氢储氢企业，一条相对完整的氢能产业链已经渐渐兴起。

在位于广州黄埔的鸿基创能一楼展厅，摆放着一张看上去平平无奇的黑色“纸”。这就是膜电极，是氢燃料电池的核心组件。在鸿基创能总经理邹渝泉看来，核心零部件的竞争至关重要，“在保证产业完整的基础上适当纵深，就好比传统燃油汽车，虽然发动机已经实现国产化，但部分核心零部件仍要依托国外技术”。目前，鸿基创能成为国内首家实现氢燃料电池膜电极产业化的企业，填补了中国高能量密度膜电极制造的空白。而未来，氢能产业要实现快速发展，离不开关键核心技术的攻关和产业化。

2021年9月，国鸿氢能展出了最新一代鸿芯G系列燃料电池电堆和鸿途G系列燃料电池系统。该电堆不仅实现了柔性石墨双极板减薄、高比功率设计等多项技术创新，而且在膜电极、双极板等零部件也实现100%国产化。同时，国鸿氢能将以系统平台合作共赢的商业模式，打通氢能产业链上下游，推进产业升级。

国鸿氢能总经理陈晓敏表示，公司通过技术引进，消化国外先进技术，建立自己的技术和创新平台，来搭建自主创新体系和自主燃料电池系统业务平台。“先进技术是买不来的，引进只是我们发展的第一步。从零部件的国产化，到核心材料的100%自主可控，国鸿始终还是坚持自主创新，追求突破与超越。”

扫码观看全文

智联新能源汽车开启加速度

随着5G、人工智能、物联网等电子信息技术的高速发展，传统汽车产业面临着百年未有之变局。作为我国汽车重要生产基地，广东汽车产业积极探索新发展路径，充分激活整车企业龙头带动作用，推动上下游领域深度融合，优化不同产业圈层协同作战，以实现高质量发展。

近两年，为适应电动化、网联化、智能化等新的发展趋势，广汽集团集中推出了不少行业领先的“黑科技”。例如，经过5年秘密技术攻关，广汽集团自主研发的“海绵硅负极片电池技术”成功实现锂离子电池体积缩减20%、重量减轻14%；在快充技术方面，广汽超倍速电池技术使用新型导电剂，搭建高效的三维导电网络，6C倍率充电可实现8分钟充电80%的技术，而在1600次循环后其容量保持率仍然高达95%……

2021年9月，广汽集团与华为签署深化战略合作协议，双方聚焦在计算与通信架构，迎接软件定义汽车发展的趋势，综合双方在智能化、网联化、电动化的合作研究。事实上，这种软硬件上下游企业的合作，正在全产业链展开。

重点项目方面，广汽智能网联新能源汽车产业园总投资450亿元，占地7500亩，目前产业园批准投资项目规模已达285亿元。“未来广汽集团通过累计投入850亿—1000亿元资金，实施研发和产业化重大项目，实现智能网联和新能源三电核心技术行业领先，将广汽智联新能源汽车产业园打造成具有全球竞争力的粤港澳大湾区自主品牌智能网联新能源汽车产业群。”广汽集团董事长曾庆洪表示。

扫码观看全文

汕头纺织印染业"破茧"升级

汕头市潮南区作为百年纺织重镇，面对着练江整治、新冠疫情等重重挑战，当地的纺织印染产业在政府的支持下，化外部压力为转型动力，正在上演一场事关生死存亡的转型大战。

2019年1月1日起，练江流域印染企业全部停产。同时，潮南、潮阳、普宁三地建设印染中心，企业必须集中入园。潮南创辉煌印染厂的"织二代"廖秀杰有自己的理解，他常去外地考察，认为印染企业集中入园是大势所趋，因此便成了"第一个吃螃蟹的人"。2019年6月，他带着20多名工人和刚从台湾购买的新型自动化染缸，正式入驻潮南纺织印染环保综合处理中心。

新冠疫情突如其来，令创辉煌印染厂第二次停产。意外之喜的是，复工后，以前失去的一个佛山大客户又找回来了，他登门拜访发现创辉煌自动化设备比以前更好了，于是欣然下单。另外有4个客户也慕名而来寻求合作。很快，新购的设备开始全速开动起来。疫情后复工复产的经历则让他明白，向高端转型，走自动化、品牌化道路，产品才有竞争力，发展才可持续。

如今，清洁科技和精细化工厂等厂商纷纷登门拜访廖秀杰的工厂，更广阔的产业链条正悄然延伸。"入园后，上下游企业串门更频繁了。"廖秀杰说，园区内产业集群的集聚效应开始显现出来，企业转型升级后与上下游对接的可能性增大，机遇接二连三地扑面而来。

扫码观看全文

广东工业机床产业加速突围

广东高端数控机床产业坚持以质量为生命，正走出一条贴近市场谋创新的突围之路，在数控系统、电主轴、导轨等关键核心部件以及机床整机方面，正涌现出一批“隐形冠军”和领军企业。

珠三角拥有巨大的应用市场优势，包括电子信息、汽车、家电等一批万亿产业集群，在过去30年间，都成为广东培育高端数控机床工业的沃土。

走进广州市敏嘉制造技术有限公司（以下简称“敏嘉制造”）生产车间，一条给格力公司定制的压缩机曲轴加工全自动生产线正在调试中，这也是国内第一条全自动压缩机曲轴生产线，投产后整条产线仅需两三名工人，预计每天产能可达7000件。

在业界看来，赵虎掌舵的敏嘉制造是一家很特别的机床企业，规模不大但很有个性，通过贴近市场持续创新，为用户提供定制化、个性化的产品和服务，来塑造自己的核心竞争优势。而这也折射出广东高端数控机床产业发展路径。

在他看来，以美的、格力为代表的中国空调压缩机行业所用的制造装备，基本上是“广东装备”在主导，行业龙头企业的“自主可控”与行业装备“自主可控”就像左右腿走路，缺一不可。

美的、格力实现空调压缩机国产化的进程，背后是以广东装备制造企业、零部件配套企业等组成整个产业链在作支撑。“换句话说，就是美的、格力带着这些小兄弟一起做到了世界500强，其实质则是市场自发的产业链相互成就。”

扫码观看全文

安全应急与环保产业，广东防风抗洪的中坚力量

全球气候变暖背景下，极端灾害性天气频发多发，水网密布、海岸线漫长的广东受到的挑战更为严峻。此前，广东公布重点培育发展的“双十”产业集群，安全应急与环保产业被一同纳入战略性新兴产业集群。

以操作智能救生圈为例，凝聚着长时间的探索与研发。有关部门调研发现，广东应急行业企业规模较小，中小企业占绝大多数，要转型突围更为不易。

10年前，拓浪公司在与公安部门合作时便接触过水上业务，2017年开始转型水域救援、打捞等业务。拓浪公司董事长谢佳亮说，虽然转型幅度不算大，但真正转起来却充满挑战。

“开始以为在救生圈加上动力、传感装置就可以了。但实际开发时，一款产品进行了80多次改造试验。”谢佳亮说，“水面救援的条件十分复杂，水里的障碍物、水质、流速都会对产品的适应性有影响，试验过程中电池、动力系统、材料都更换优化了无数次。”后来，拓浪公司针对湖泊、河流以及海洋等不同水域环境，自主研发了多款智能动力救生圈。

根据《广东省培育安全应急与环保战略性新兴产业集群行动计划（2021—2025年）》，到2025年，全省安全应急与环保产业发展质量明显提升，支撑保障能力显著增强，形成龙头带动、产业集聚、协同创新的安全应急与环保产业体系。在不少业内人士看来，加强产业链配套和标准化建设，是达到上述目标的关键。

“未来应急产业发展的方向是无人化、智能化、小型化，这需要有一个产业集群，使得更多企业聚集、交流，形成上下游产业配套，这样行业才能往主流的方向发展，产业链才能贯通起来。”谢佳亮说。

扫码观看全文

广东加入万亿产值的超高清产业竞争

显示产业正在向着超高清升级。长期受“缺芯少屏”困扰的广东电子信息产业，借助这一趋势，正成为这一领域的重要力量。

2020年12月，维信诺（广州）全柔AMOLED（有源矩阵有机发光二极体）模组生产线在广州增城经济技术开发区点亮，这是广东省首条全柔AMOLED模组生产线，正式实现“当年动工、当年建成、当年点亮”。

“这样的速度在行业内也是最快的，体现了维信诺的建设速度，也体现了广州乃至广东的发展速度。”维信诺广州国显科技有限公司运营管理部总监高明说。据了解，该项目总投资额为112亿元，产品涵盖曲面、折叠、穿戴和车载等新兴应用领域，规划年产能约为5000万片模组，达产年产值约为210亿元，预计2023年达产。

水滴屏、折叠屏、刷新率144赫兹的游戏手机屏……在维信诺展示厅的柜台上，各式各样的新潮电子产品背后，都需要高端显示生产线作为制造支撑。高明表示，随着技术的进步，未来将有更多人可以使用最新的柔性屏产品。作为广东首条全柔AMOLED模组生产线，维信诺产线定位高端柔性产品，是一条布局未来的全形态柔性模组生产线，可以满足多种多样柔性产品研发需求。

先进生产线不断落子的背后是广东不断提升的营商环境和不断打开的发展前景。高明说，选择广州增城设厂，一是看中这里距离主要客户非常近，可以高效沟通，抢抓市场机遇；二是增城周边的产业配套非常齐全，主要物料都能就近供应；三是人才资源丰富，广州增城区政府的办事效率高，营商环境好。

扫码观看全文

附录四

粤港澳大湾区500强企业

粤港澳大湾区世界 500 强名单（2021 年）

排名	公司名称（中文）	营业收入 / 百万美元	利润 / 百万美元
16	中国平安保险（集团）股份有限公司	191 509.40	20 738.90
44	华为投资控股有限公司	129 183.50	9 361.60
68	正威国际集团有限公司	100 280.50	1 851.70
69	中国华润有限公司	99 437.60	4 330.20
91	中国南方电网有限责任公司	83 699.00	998.60
122	中国恒大集团	73 514.00	1 170.40
132	腾讯控股有限公司	69 864.20	23 166.20
139	碧桂园控股有限公司	67 080.40	5 075.60
159	联想集团有限公司	60 742.30	1 178.30
160	万科企业股份有限公司	60 740.70	6 016.70
162	招商银行股份有限公司	60 433.20	14 107.50
163	招商局集团有限公司	60 280.70	5 919.40
176	广州汽车工业集团有限公司	57 723.90	576.20
213	友邦保险集团有限公司	50 359.00	5 779.00
288	美的集团股份有限公司	41 407.10	3 945.30
344	中国太平保险集团有限责任公司	35 460.50	415.10
353	长江和记实业有限公司	34 347.10	3 757.50
359	雪松控股集团有限公司	33 837.00	49.60
372	怡和集团	32 647.00	-394.00
396	深圳市投资控股有限公司	31 143.60	1 661.00
460	广州市建筑集团有限公司	26 682.40	126.80
468	广州医药集团有限公司	26 070.10	299.00
470	华润置地有限公司	26 027.10	4 352.20
474	万洲国际有限公司	25589.00	828.00
488	珠海格力电器股份有限公司	24 709.70	3 213.80

整理：许宁宁　杨碧泓　数据来源：《财富》中文网

粤港澳大湾区中国 500 强名单

2021 年排名	2020 年排名	公司名称	营业收入／百万元	利润／百万元
4	4	中国平安保险（集团）股份有限公司	1 218 315.00	143 099.00
9	9	中国移动有限公司	768 070.00	107 843.00
18	20	中国恒大集团	507 248.00	8 076.00
20	25	腾讯控股有限公司	482 064.00	159 847.00
21	19	碧桂园控股有限公司	462 856.00	35 022.00
26	27	万科企业股份有限公司	419 111.68	41 515.54
37	38	招商银行股份有限公司	290 482.00	97 342.00
39	35	美的集团股份有限公司	285 709.73	27 222.97
46	44	保利发展控股集团股份有限公司	243 207.86	28 948.43
47	49	中国太平保险控股有限公司	240 211.71	5 824.01
62	72	华润置地有限公司	179 587.27	29 809.96
65	67	万洲国际有限公司	176 502.69	5 711.21
69	54	珠海格力电器股份有限公司	170 497.42	22 175.11
73	80	比亚迪股份有限公司	156 597.69	4 234.27
75	91	顺丰控股股份有限公司	153 986.87	7 326.08
82	73	复星国际有限公司	136 629.48	8 017.94
84	92	世茂集团控股有限公司	135 352.76	12 627.68
85	101	招商局蛇口工业区控股股份有限公司	129 620.82	12 252.86
96	89	昆仑能源有限公司	109 251.00	5 873.00
104	108	唯品会控股有限公司	101 858.49	5 906.96
105	112	中兴通讯股份有限公司	101 450.67	4 259.75
119	118	中国国际海运集装箱（集团）股份有限公司	94 159.08	5 349.61
121	69	中国南方航空股份有限公司	92 561.00	-10 842.00
122	164	立讯精密工业股份有限公司	92 501.26	7 225.46
123	103	吉利汽车控股有限公司	92 113.88	5 533.79
124	117	神州数码集团股份有限公司	92 060.44	624.09
132	111	广州富力地产股份有限公司	85 891.78	9 004.81
136	158	金地（集团）股份有限公司	83 982.16	10 397.79
138	174	深圳华侨城股份有限公司	81 868.09	12 685.36

（续表）

2021 年排名	2020 年排名	公司名称	营业收入/百万元	利润/百万元
141	172	雅居乐集团控股有限公司	80 245.25	9 474.60
145	135	TCL 科技集团股份有限公司	76 830.40	4 388.16
147	129	中国蒙牛乳业有限公司	76 034.84	3 525.04
148	138	温氏食品集团股份有限公司	74 938.91	7 425.87
161	184	龙光集团有限公司	71 079.73	13 016.64
163	171	中国广核电力股份有限公司	70 584.71	9 562.31
168	142	深圳市怡亚通供应链股份有限公司	68 256.10	123.44
170	204	中国奥园集团股份有限公司	67 793.79	5 907.55
177	185	深圳市爱施德股份有限公司	64 189.96	700.47
180	175	广州汽车集团股份有限公司	63 156.99	5 965.83
182	181	伟仕佳杰控股有限公司	62 217.10	949.40
183	177	华润电力控股有限公司	61 851.54	6 743.27
184	156	广州白云山医药集团股份有限公司	61 673.70	2 915.24
187	176	北京控股有限公司	60 834.74	4 701.63
188	217	广东海大集团股份有限公司	60 323.86	2 522.73
189	230	中国金茂控股集团有限公司	60 053.88	3 880.99
203	218	东方海外（国际）有限公司	56 500.34	6 226.62
206	213	佳兆业集团控股有限公司	55 770.18	5 447.12
211	232	中信证券股份有限公司	54 382.73	14 902.32
214	246	天能动力国际有限公司	53 525.04	2 476.92
215	191	玖龙纸业（控股）有限公司	53 392.08	5 891.80
218	242	美的置业控股有限公司	52 483.61	4 326.48
228	296	珠海华发实业股份有限公司	51 006.30	2 902.02
230	186	康佳集团股份有限公司	50 351.84	477.63
233	211	华润燃气控股有限公司	49 680.01	4 581.04
239	263	海信家电集团股份有限公司	48 392.87	1 578.88
240	199	欧菲光集团股份有限公司	48 349.70	−1 944.52
249	256	越秀地产股份有限公司	46 234.26	4 247.86
251	—	TCL 电子控股有限公司	45 312.44	3 200.98
264	—	中国海外宏洋集团有限公司	42 909.06	4 374.76
271	265	创维集团有限公司	40 093.00	1 440.00

（续表）

2021 年排名	2020 年排名	公司名称	营业收入 / 百万元	利润 / 百万元
272	240	深圳市海王生物工程股份有限公司	40 022.50	−288.53
278	233	中国东方集团控股有限公司	39 149.62	1 586.17
279	236	时代中国控股有限公司	38 576.69	4 941.19
281	292	大悦城控股集团股份有限公司	38 445.28	−386.83
283	—	中国光大环境（集团）有限公司	38 174.47	5 349.91
286	360	深圳传音控股股份有限公司	37 791.89	2 686.43
295	285	华润水泥控股有限公司	35 649.28	7 968.01
304	330	金发科技股份有限公司	35 061.17	4 587.70
328	328	广州发展集团股份有限公司	31 710.47	903.47.00
329	332	广东韶钢松山股份有限公司	31 555.54	1 861.19
330	295	华润啤酒（控股）有限公司	31 448.00	2 094.00
336	—	合生创展集团有限公司	30 571.49	12 124.57
338	406	深圳市中金岭南有色金属股份有限公司	30 252.78	995.10
342	363	合景泰富集团控股有限公司	29 742.06	6 676.59
344	361	欣旺达电子股份有限公司	29 692.31	801.96
349	302	中国大冶有色金属矿业有限公司	29 387.56	306.42
351	318	天马微电子股份有限公司	29 232.75	1 474.52
352	407	广发证券股份有限公司	29 153.49	10 038.13
366	329	广东电力发展股份有限公司	28 329.07	1 746.28
368	378	广东领益智造股份有限公司	28 142.55	2 266.16
370	352	中国联塑集团控股有限公司	28 073.06	3 750.83
397	418	石药集团有限公司	24 942.20	5 159.66
401	477	招商证券股份有限公司	24 277.67	9 491.64
402	—	延长石油国际有限公司	24 239.47	−707.67
404	336	上海实业控股有限公司	24 133.47	1 973.25
410	377	中国生物制药有限公司	23 647.22	2 771.09
419	379	理文造纸有限公司	23 004.38	3 133.74
422	457	佛山市海天调味食品股份有限公司	22 791.87	6 402.86
425	367	北控水务集团有限公司	22 553.17	3 720.36
426	—	明阳智慧能源集团股份公司	22 456.99	1 374.07

（续表）

2021 年排名	2020 年排名	公司名称	营业收入 / 百万元	利润 / 百万元
432	468	花样年控股集团有限公司	21 758.84	977.42
448	383	广州农村商业银行股份有限公司	21 218.41	5 081.30
455	—	深圳迈瑞生物医疗电子股份有限公司	21 025.85	6 657.68
457	444	五矿资源有限公司	20 925.25	-446.27
458	369	耐世特汽车系统集团有限公司	20 914.97	805.41
461	—	粤海投资有限公司	20 608.04	4 010.69
464	446	深圳能源集团股份有限公司	20 454.51	3 984.06
470	—	中国美东汽车控股有限公司	20 207.45	750.56
478	456	信利国际有限公司	19 717.30	446.68
480	392	纳思达股份有限公司	19 585.19	87.94
481	420	天虹纺织集团有限公司	19 576.94	517.06
483	483	深圳市德赛电池科技股份有限公司	19 397.82	669.69
500	472	木林森股份有限公司	17 381.31	301.74

整理：许宁宁　杨碧泓　数据来源：《财富》中文网